D1873996

Dieses Buch gehört:

....

....

Adrienne von Taxis

Der Zauberlehrling

Tips, Tricks und Anleitungen zum Selberzaubern

tosa

Im Auftrag hergestellte Sonderausgabe

Alle Rechte vorbehalten
Umschlag und Illustrationen von Christian Heiss
Copyright © 1995 by Tosa Verlag, Wien
Gesamtherstellung: Der Graph, Wien
Printed in Austria

INHALTSVERZEICHNIS

VORWORT

Willkommen, kleiner Zauberlehrling!

Ich freue mich, dich im Kreis der Zauberer begrüßen zu können.
Viele Jahre habe ich meinen Sohn begleitet, seine Tricks angesehen, manchmal Fehler entdeckt und Ratschläge gegeben, wie manches beim Publikum besser ankommt. Ich war sozusagen seine Vertrauensperson.
Aus dieser langjährigen Erfahrung habe ich dieses Buch zusammengestellt.
Es sind einfache, aber sehr wirkungsvolle Tricks. Materialien, die du benötigst, findest du entweder im Haushalt, oder du kannst sie dir um wenig Geld im Bastlergeschäft kaufen.
Du wirst es selbst erleben, wieviel Spaß und Freude es macht, wenn ein Trick gut gelingt, und diese Freude kannst du auch an dein Publikum weitergeben.
Damit du es schnell lernst, ist jeder Trick Schritt für Schritt erklärt, Zeichnungen zeigen dir, wie es gemacht wird und was dein Publikum sehen darf.
Und nun wünsche ich dir viel Spaß und Erfolg!

Adrienne von Taxis

VORWORT

Seit vielen Jahren bin ich an der Zauberei interessiert. Alles begann damit, daß ich von meinem großen Bruder einen Zauberkasten geschenkt bekam, den ich auch heute noch besitze. Immer wenn ich neue Tricks eingeübt habe, benötigte ich einen geduldigen Zuschauer, der mir half, meine Pannen auszubessern. Diese Aufgabe übernahm meist meine Mutter, manchmal auch meine Großmutter. Wenn ich Lust hatte, bereitete ich sogar eine kleine Zaubershow für unseren Familienkreis vor, wo manches Mißgeschick nicht der Weltuntergang war.

In den Jahren habe ich einiges gelernt – üben, üben, üben, sonst passieren die Pannen immer öfter, und du blamierst dich schrecklich. Was mir meine Mutter auch immer vorpredigte: »Schule geht vor zaubern«, dieser Satz dröhnt noch heute in meinen Ohren, ich habe aber trotzdem geübt. Aber wenn man alle Regeln, die es gibt, einhält, kann eigentlich gar nichts mehr schiefgehen. Ich bin heute fast vierzehn Jahre alt und noch immer begeisterter Zauberkünstler, und das will ich auch bleiben; vielleicht werde ich auch einmal Berufszauberer, wer weiß!? Aber auf alle Fälle wünsche ich dir viel Spaß und guten Erfolg beim Zaubern

DEIN ZAUBERLEHRLING

Christopher

GESCHICHTE DER MAGIE, EINIGE GROSSE MEISTER DER ZAUBERKUNST

Man kennt Berichte von Magiern, die über sechstausend Jahre zurückliegen. Damals waren Religion und Zauberei eng verbunden. Priester der Ägypter und Griechen waren auch zugleich Wissenschaftler, Naturforscher, Ärzte und Philosophen, aber auch sie benutzten Tricks, damit man an ihre übernatürlichen Kräfte glaubte. Durch geheime Mechanismen öffneten sich Tempeltore, oder es sprudelte Wein aus Statuen. In einer Ruine in Italien fand man eine verborgene Sprechrohrleitung, wahrscheinlich kann man damit das Rätsel der Orakel lösen. Neben den Priestermagiern gab es aber auch Gaukler und Artisten. Besonders beliebt waren die Bechertricks, in denen man Kügelchen verschwinden und erscheinen ließ.

Während der Zeit der Hexenverbrennung lebten die Magier sehr gefährlich, Zauberer wurden wie Hexen zum Flammentod verurteilt. Lange Zeit wurde die Zauberei als unehrenhaft angesehen, sie hatte einen schlechten Ruf und keine Achtung in der Öffentlichkeit. Im späten 16. Jahrhundert waren dann die Tricks mit »klugen« Tieren sehr beliebt.

Im 19. Jahrhundert entwickelte sich die Zauberei zu einer wirklichen Kunst.

Nun möchte ich doch noch ein paar von den ganz großen Magiern erwähnen:

Ludwig Döbler (1801–1864) wurde in Wien geboren und hat auch hier gewirkt, sein bestes Zauberkunststück war »Floras Blumenspende«, das so funktionierte, daß er aus einem leeren Hut viele kleine Blumensträußchen zauberte.

Jean E. Robert Houdin (1805–1871) war zuerst Uhrmacher und wurde dann der berühmteste Zauberer Frankreichs. Er besaß sogar ein eigenes Zaubertheater in Paris. Er war auch der erste Künstler, der im einfachen Abendanzug auftrat. Berühmt wurden auch seine Automaten, die er übrigens selbst entwickelt hatte, zum Beispiel eine Figur, die zeichnen und schreiben konnte.

Johann Nepomuk Hofzinser (1806–1875) wurde als der größte Kartenkünstler der Welt bezeichnet, da er die Kartenzauberei zu einer Kunst erhoben hat.

Theo Bamberg (1875–1963) nannte sich Okito und wurde berühmt durch seine Vorführung der »Schwebenden Kugel«. Kein Künstler konnte nach ihm diese Darbietung so täuschend und elegant vorführen, er war auch einer der ersten Varietézauberer.

Harry Houdini (1874–1926) war der große amerikanische Entfesselungskünstler. In kurzer Zeit konnte er sich aus Fesseln, Handschellen, Zwangsjacken und verschlossenen Kisten befreien. Daneben half er auch der Polizei, betrügerische Medien zu überführen. Er hinterließ die größte Sammlung magischer Bücher, die du noch heute in Washington bewundern kannst.

Der deutsche Künstler Cortini (1890–1954) zauberte nur mit Münzen, seine ganze Bühne war mit Münzen dekoriert.

Ein anderer deutscher Magier war Conrad Horster (1870–1944), er war Berufsmagier und eröffnete dann eine Zauberapparatehandlung, die es auch heute noch gibt.

DIE GOLDENEN REGELN DER ZAUBERKUNST

1. Übung macht den Meister: Nur Übung gibt dir Ruhe und Sicherheit, das gilt für die Darbietung als auch für den Vortrag. Übe deine Tricks so lange, bis du sie perfekt beherrschst. Es ist besser, wenn du wenige Tricks vorführst, die aber gut gelingen, als viele, die mißlingen. Übe zuerst vor dem Spiegel und dann in einem kleinen Freundeskreis. Eine andere Möglichkeit ist, daß du eine Vertrauensperson hast (jemanden aus deiner Familie oder einen Freund), der du den Trick öfters vorführen kannst und die dir dann sagen kann, wo der Fehler liegt.
2. Die Auswahl der Tricks: Du mußt sie natürlich perfekt beherrschen, gib deiner Vorführung eine persönliche Note. Überlege dir die Abwechslung in deinem Programm, damit du nicht immer dieselbe Handbewegung machst.
3. Wiederhole keine Tricks: Du darfst einen Trick nie sofort vor dem gleichen Publikum wiederholen, die Gefahr ist zu groß, daß der Trick durchschaut wird.
4. Die Länge deiner Zaubershow: Du solltest nie länger als 15–20 Minuten zaubern. Das Publikum findet Zauberei nie zu kurz, trotzdem ist es besser aufzuhören, solange sie noch mehr sehen wollen.
5. Der richtige Zauberplatz: Dein Tisch sollte mindestens 2,5 Meter von deinem Publikum entfernt stehen. Dafür gut geeignet sind Zimmerecken und Türrahmen. Du solltest darauf achten, daß während der Vorführung niemand aus dem Publikum neben oder hinter dir steht. Wenn du unmittelbar am Tisch zauberst (Mikro-Magie), dann setze dich auf die Schmalseite des Tisches, damit du keinen Nachbarn hast.
6. Bewahre immer Ruhe: Du solltest jeden Zaubertrick mit ruhigen Bewegungen vorführen, dein Trick wirkt dann besonders gut und überraschend. Blicke in das Publikum, und konzentriere dich nicht auf deine Hände oder Zaubergegenstände. Wenn einmal etwas schiefgeht, laß es dir nicht anmerken, das Ergebnis des Kunststückes ist ja nur dir bekannt!
7. Der gute Vortrag: Deine Zauberkunst soll dein Publikum unterhalten, deshalb soll dein Vortrag auch immer lustig sein. Verwende zwischendurch immer wieder Zaubersprüche, gib nicht an, oder protze nicht, sondern sprich deutlich und langsam. Wenn du jemanden aufforderst, dir zu helfen, mache es in einer netten Weise und bedanke dich immer freundlich. Falls du keine Sätze einstudiert hast, zaubere am besten mit Musikbegleitung. Keine laute und schrille Musik, verwende eine Musikkassette, damit du immer die gleiche Musik hast.
8. Schließe deine Zaubergeräte ein: Achte darauf, daß du deine Zaubergegenstände vor und nach deiner Show unter Verschluß hast, damit sie niemand untersuchen kann.
9. Vor deiner Darbietung: Gehe dein Programm noch einmal in Gedanken durch, und überprüfe all deine Requisiten, ob sie in Ordnung sind.
10. Die Geheimhaltung deiner Tricks: Das wichtigste Gebot ist, daß du niemals deinen Trick verraten darfst. Die Ausnahme besteht nur dann, wenn du dich im Kreise anderer Zauberer befindest; dann kannst du dir Ratschläge und Anregungen holen.

Wenn das Geheimnis deines Tricks einmal bekannt ist, ist dieser für immer für dich verloren!

ZAUBERER HABEN IHRE EIGENEN FACHAUSDRÜCKE, SO MÖCHTE ICH AUCH DIR KLEINEN ZAUBERLEHRLING EINIGE AUSDRÜCKE ERKLÄREN

Aufsitzer – Du machst scheinbar einen Fehler oder eine Ungeschicklichkeit, deine Zuschauer glauben, sie haben das Geheimnis des Tricks erraten. Sie sind dir nur »aufgesessen«, denn deine Panne war ja nicht echt und sollte sie nur in die Irre führen.

Billardbälle – Das sind kleine Holz- oder Plastikbälle, auf die du eine Ballhalbschale aufsetzen kannst, sodaß du aus einem Ball scheinbar zwei Bälle machen kannst.

Changieren – Damit bezeichnet man das Austauschen oder Umwechseln von Gegenständen.

Falloch – In deinem Zaubertisch ist ein Loch, das man durch die Dekorationen nicht sehen kann. Du kannst dann Gegenstände darin verschwinden lassen.

Finte – Du machst eine Bewegung, die mit deinem Trick nichts zu tun hat, sie soll nur deine Zuschauer ablenken.

Forcieren – Du zwingst deinen Zuschauer, einen bestimmten Gegenstand zu nehmen, zum Beispiel eine Spielkarte, er glaubt aber, völlig frei gewählt zu haben.

Illusionist – Das ist ein Zauberkünstler, der seine Tricks nur auf der Bühne vorführt, heute ist sicher David Copperfield der berühmteste.

Kaschee – Du hast einen geheimen Einsatz, in dem du Gegenstände versteckt hältst, die später wieder erscheinen sollen.

Ladung – Das sind Gegenstände wie Tücher oder zusammenfaltbare Blumen, die du in einem Geheimfach versteckt hast, damit du sie erscheinen lassen kannst.

Palmieren – Du hältst einen Gegenstand in deiner Hand verborgen, dein Publikum glaubt aber, die Hand ist leer.

Servante – Dies ist ein versteckter Behälter, den dein Publikum nicht sehen kann, meistens befindet er sich hinter einem Stuhl oder Tisch. Du benötigst ihn, um verschiedene Gegenstände unsichtbar zur Seite zu schaffen. Die Servante kann aber auch offen auf dem Tisch stehen, dann hat sie scheinbar eine andere Funktion, verwendet wird sie aber nur, um deine Gegenstände heimlich aufzunehmen.

TIPS, FALLS DIR PANNEN PASSIEREN

Jeder Künstler, der vor einem Publikum steht, hat Angst, daß etwas schiefgeht, und beim Zaubern ist das Risiko noch viel höher. Ich möchte dir hier ein paar Tips geben, wie du unangenehme Situationen vermeiden oder auch meistern kannst. Gründliches Üben und Proben ist trotzdem die beste Hilfe, aber Sicherheit kann dir nur die Erfahrung geben.

Wenn du anfängst zu zaubern, glaubst du vielleicht, daß dein Publikum nur darauf achtet, ob du Fehler machst, aber die Erfahrung zeigt, daß die Zuschauer meistens auf seiten des Magiers sind. Sie wollen ja unterhalten werden, und wenn sie Spaß haben, stört es nicht, ob sie einen Trick erraten oder nicht, und wenn du einen Fehler machst, leiden sie mit dir. Werde auf keinen Fall nervös, denn vielleicht haben deine Zuschauer den Fehler überhaupt nicht bemerkt. Außerdem haben Menschen ein kurzes Gedächtnis – sie werden sich sicher eher an einen guten Trick erinnern als an einen Fehler.

Ist dein Publikum unaufmerksam – sie sind vielleicht abgelenkt durch Essen oder Gespräche –, zaubere so gut du kannst. Hast du einmal die Aufmerksamkeit von einem oder zweien, folgen meist die anderen aus Neugierde nach. Überlege dir immer, für welches Publikum du zauberst, so kannst du sicher deine Vorführung mit kleinen Änderungen bei verschiedenen Gruppen machen.

Damit du keine Probleme mit den Requisiten bekommst, mach dir eine genaue Liste, wo alles vor der Vorstellung liegen muß. Prüfe auch immer die Funktionen der Requisiten, es könnte ja irgend etwas kaputtgegangen sein.

Wenn du dir freiwillige Helfer aus deinem Publikum holst, sorge dafür, daß sie auch das Richtige machen. Sie sollen dir helfen oder auf etwas aufpassen. Wenn du Mikro-Magie machen möchtest, ist es vielleicht besser, vorher mit ein paar von deinen Zuschauern zu sprechen. Wenn du Freiwillige zufällig auswählen möchtest, solltest du auf folgende Tips achten: Dein Helfer sollte sich im Aussehen deutlich von dir unterscheiden. Er soll Spaß daran haben – sei aufmerksam, vielleicht hörst du jemanden, der besonders lustig lacht oder irgendwie komisch aussieht. Die Person sollte auch zum Trick passen; wenn du mit Blumen zauberst, wirst du ein zierliches Mädchen nehmen; um ein Seil zu prüfen, ist ein kräftiger Mann besser. Sind in deinem Publikum Familien oder Gruppen, dann hole dir daraus deinen Helfer, denn sie werden immer »ihren Freiwilligen« mit Applaus unterstützen. Versuche Fragen zu vermeiden, die deinen Trick verderben können. Hast du wirklich einmal das Pech, und dein Helfer ruiniert den Trick, dann höre sofort auf, bedanke dich freundlich bei ihm, und beginne einen neuen Trick. Plane Tricks mit Freiwilligen immer in die Mitte deiner Show ein, denn am Anfang oder beim Applaus am Ende könnten sie ablenken.

Hast du einmal wirklich große Probleme, dann versuch auf einen anderen magischen Effekt umzuschwenken, denn das Publikum weiß ja nicht, was du geplant hast, und merkt vielleicht nichts. Falls du einmal einen Fehler gemacht hast, der kein Geheimnis verraten hat, dann fang ruhig neu an, erkläre es aber den Zuschauern. Sie werden den Trick dann für besonders schwierig halten. Wenn wirklich alles schiefgeht, beginne einen neuen Trick, und leite diesen mit einem Scherz ein.

4 ASSE ERRATEN

MATERIAL:
Ein Kartenspiel (52 Karten)

VORFÜHRUNG:
Du hältst das Kartenspiel in der Hand und bittest einen Zuschauer, eine Zahl zwischen zehn und neunzehn zu nennen. Nimm an, er oder sie sagt vierzehn, dann zählst du vom Spielrücken einzeln vierzehn Karten übereinander auf den Tisch, aber ohne sie umzudrehen. Die Restkarten legst du daneben mit den Rücken nach oben. Nun soll der Zuschauer die Quersumme bilden, also in diesem Fall 1 + 4 = 5. Du nimmst nun die abgezählten 14 Karten und legst von oben her einzeln vier Karten auf den Reststapel zurück, die 5. aber (Quersumme) gibst du verdeckt zur Seite. Die übrigen Karten in deiner Hand legst du geschlossen auf das Spiel zurück.
Nimm jetzt wieder das komplette Spiel zur Hand (ohne der fünften Karte), ein anderer Zuschauer darf dir nun eine Zahl zwischen zehn und neunzehn nennen. Verfahre jetzt genauso wie vorhin: Abzählen, beiseite legen, Quersumme bilden und die entsprechende Karte weglegen. Diesen Vorgang wiederholst du noch ein drittes und viertes Mal, bis du vier Karten beiseite gelegt hast. Wenn du sie nun umdrehst, sind es die vier Asse.

LÖSUNG:

Vor deiner Vorführung hast du dir die vier Asse herausgesucht, du nimmst dann vom Spielrücken neun Karten ab und legst die Asse gemeinsam auf das restliche Spiel. Sie liegen nun von oben gezählt als zehnte bis dreizehnte Karte im Spiel.

DAS GLAS WANDERT DURCH DEN TISCH

MATERIAL:
Ein kleines Glas (ohne Stiel) und eine Papierserviette

VORFÜHRUNG:
Du borgst dir von deinem Publikum eine Münze aus, legst diese ganz nah an die Tischkante[1] und behauptest, daß du diese Münze durch den Tisch drückst. Erzähle deinem Publikum, daß du die Münze nun verstecken mußt, und stülpe das Glas darüber.[2] Da es natürlich durchsichtig ist, mußt du es abdecken.[3] Nimm nun die Papierserviette, und drücke sie ganz fest an das Glas,[4] damit sie die Form annimmt. Hebe nun die Serviette mit dem Glas mit magischen Worten auf, die Münze ist noch da, nun bist du darüber sehr ärgerlich und stellst das Glas zurück. Wiederhole den Vorgang noch einmal, halte das Glas in der Serviette über die Tischkante und laß es in deinen Schoß fallen.[5] Nun halte die Serviette ganz lose, damit sie die Form des Glases (welches ja in deinem Schoß ist) behält,[6] und stelle sie für einen neuen Versuch über die Münze.[7] Nun kannst du erzählen: »Da die Münze nicht mitspielt, soll eben das Glas durch den Tisch wandern.« Deine Zuschauer glauben ja, es sei noch da. Drücke nun die Serviette mit einer Hand platt, und mit der zweiten Hand holst du das Glas unter dem Tisch hervor.[8]

1
2
3
4
5
6
7
8

EIN EINGEWICKELTES GELDSTÜCK VERSCHWINDET

MATERIAL:
1 Blatt weißes Schreibpapier, ein Geldstück

VORFÜHRUNG:
Zuerst läßt du das Schreibpapier von deinen Zuschauern prüfen, dann wickelst du das Geldstück ein. Nun kann jemand aus deinem Publikum das Geld fühlen – doch plötzlich ist es auf magische Weise verschwunden.

LÖSUNG:
Der ganze Trick beruht darauf, wie du das Papier faltest. Am besten ist es, wenn du ein möglichst glattes Papier nimmst. Zuerst faltest du das untere und dann das obere Drittel,[1] nun die linke Seite.[2] Bevor du aber die rechte Seite umbiegst, kippst du das Ganze ein wenig nach rechts, damit die Münze an den Rand gleitet. Vorsicht: Das Geld darf nicht zu weit rutschen, sonst wird es sichtbar! Bevor du diesen Trick vorführst, solltest du öfters üben, damit du den richtigen Griff herausbekommst.
Jetzt wird die rechte Seite umgebogen,[3] das Geldstück liegt nun in der Tasche, die du zuletzt gefaltet hast.[4] Nachdem ein Zuschauer die Münze gefühlt hat, kannst du sie ganz einfach in deine Hand gleiten lassen. Greife in deine Ta-

sche mit der Begründung, daß du einen Klebstreifen holen möchtest zum Verschließen deines Münzpaketes, so macht dir das Verschwindenlassen deines Geldstückes in der Hand sicher keine Schwierigkeiten.

1

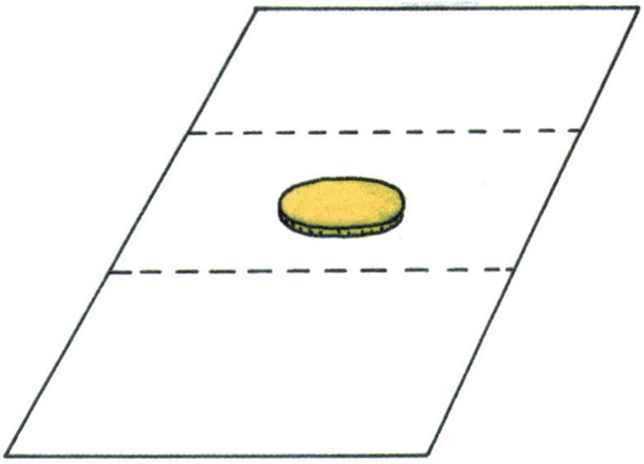

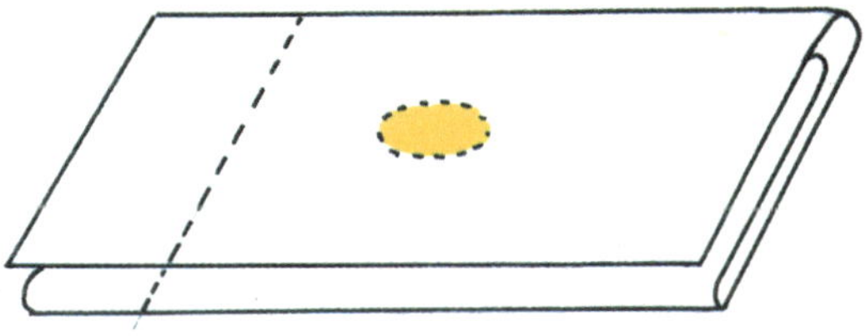

2

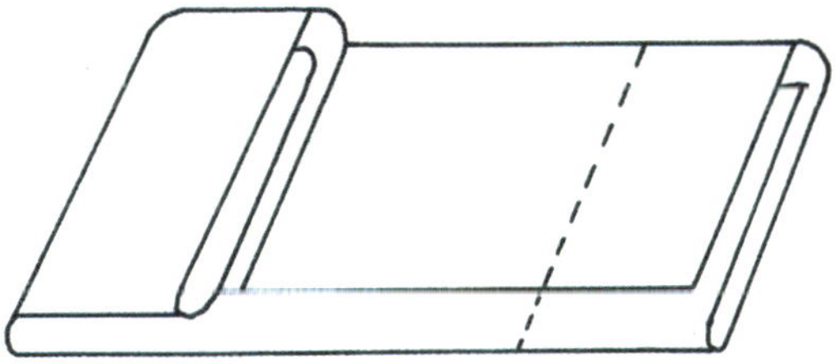

3

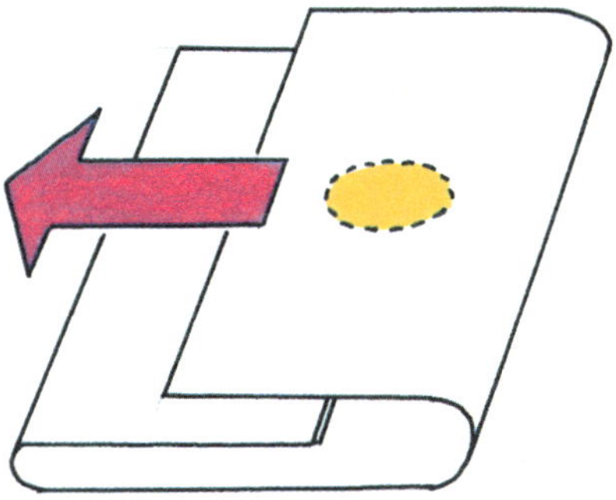

4

ERKENNE EINE MÜNZE BEIM ERSTEN MAL

MATERIAL:
Fünf gleiche Münzen,
fünf Umschläge

VORFÜHRUNG:
Du zeigst deinen Zuschauern 5 gleiche Münzen, aber mit verschiedenen Jahreszahlen, und bittest sie nun, eine davon auszuwählen und die Zahl zu notieren. Münze für Münze wird nun in einen kleinen Umschlag gesteckt, nun mischst du alle Hüllen durcheinander – doch mit verbundenen Augen ziehst du mit einem Griff den richtigen Umschlag heraus.

LÖSUNG:
Du hast vor Beginn den ersten Umschlag innen mit Wachs oder Seife bestrichen.[1]

Nachdem die Münze gewählt wurde, gibst du sie in den vorbereiteten Umschlag. Beim Zukleben läßt du sie in die rechte Ecke gleiten (wo du gewachst hast) und preßt die Seiten an, damit das Wachs die Münze hält.[2]
Wenn alle Umschläge verschlossen sind, läßt du dir die Augen verbinden, nimmst die gemischten Hüllen entgegen und klopfst leicht auf den Tisch, damit sie wieder geordnet sind.
Der Trick ist nun:
Du mußt sie mit der Schmalseite auf den Tisch klopfen, mit der linken Seite, wel-

che ja auch beim vorbereiteten Umschlag nicht gewachst ist. Wenn jetzt alle Hüllen sortiert mit der Oberseite nach vorne liegen, fallen alle nicht festgeklebten Münzen nach unten, und beim raschen Durchblättern findest du die noch haftende Münze leicht heraus.

Nun öffnest du den Umschlag, holst die Münze heraus und vergleichst die Jahreszahl mit der notierten, und sie stimmt.

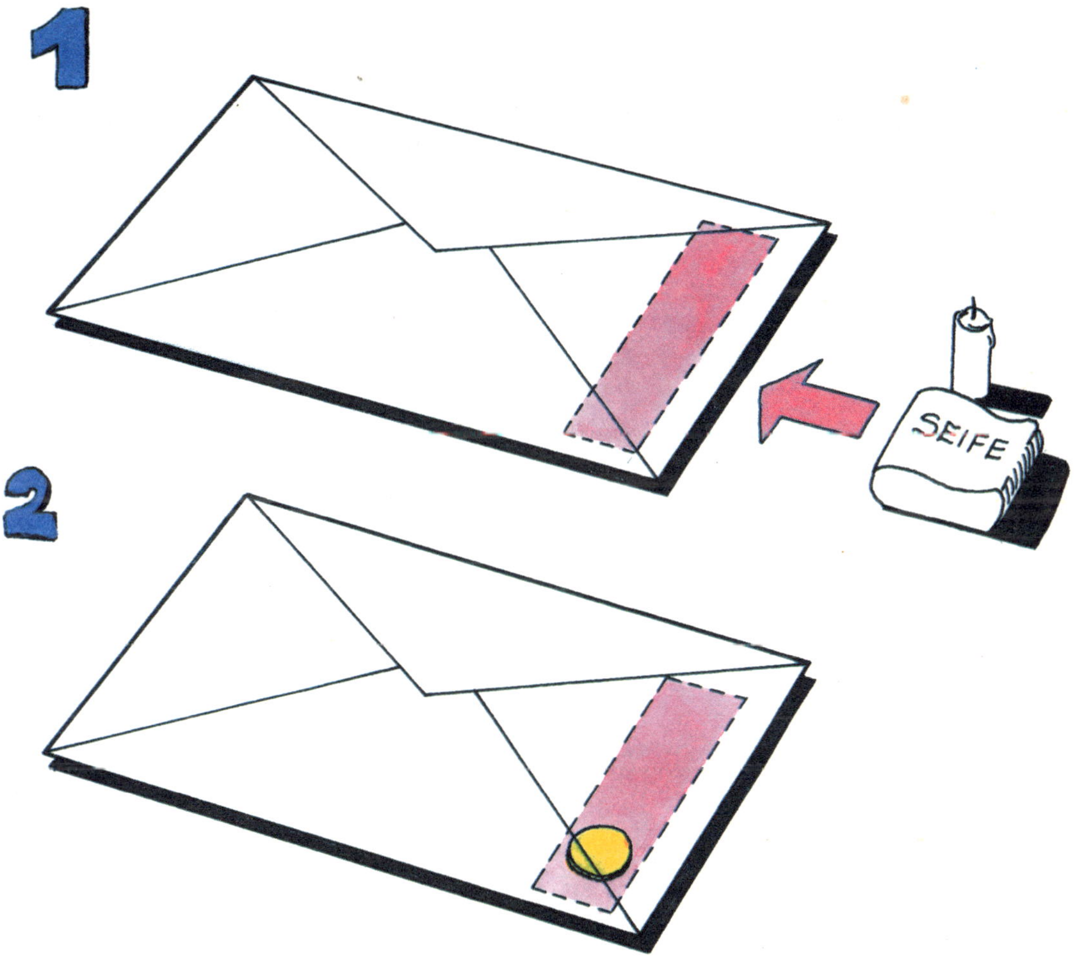

DER FINGERHUT GLEITET DURCH EIN TUCH

MATERIAL:
Ein Fingerhut und ein Tuch

VORFÜHRUNG:
Du hast dir auf den rechten Zeigefinger einen Fingerhut gesteckt, nun wirfst du das Tuch darüber, streichst einige Male mit der linken Hand über das Tuch – und welche Zauberei, der Fingerhut ist durch das Tuch gewandert – er sitzt noch auf dem rechten Zeigefinger, jedoch über dem Tuch.

LÖSUNG:
Der Fingerhut ist auf deinem rechten Zeigefinger, während du das Tuch über die Hand wirfst, mußt du ganz schnell den Mittelfinger ausstrecken und zugleich den Zeigefinger in die Handfläche beugen.[1] Du mußt das Tuch jedenfalls so werfen, daß der größere Teil über den Handrücken fällt, der zu deinen Zuschauern zeigt.
Jetzt streichst du mit der linken Hand von oben am Tuch herab. Beim zweitenmal streckst du den Zeigefinger mit dem Fingerhut aus dem Tuch heraus, in Richtung deines Körpers, und stößt den Fingerhut in die Daumengrube deiner linken Hand und nimmst ihn so mit.[2] Beim dritten Streichen ist es dann ganz einfach, du stülpst den Fingerhut über das Tuch auf den Mittelfinger deiner rechten Hand.[3]

1

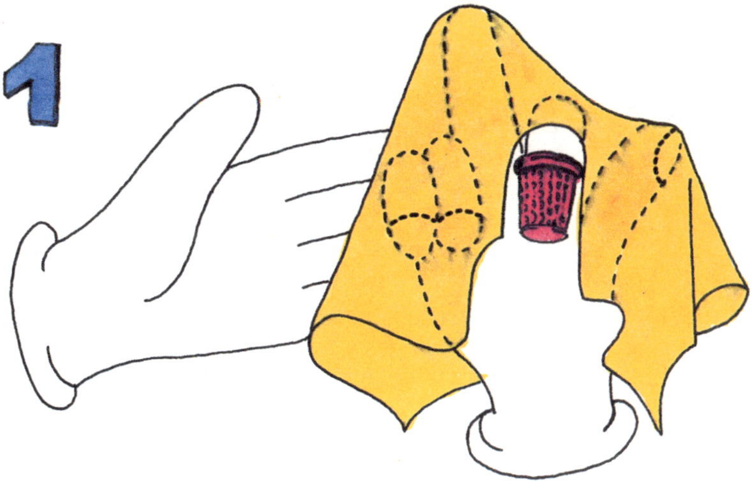

2

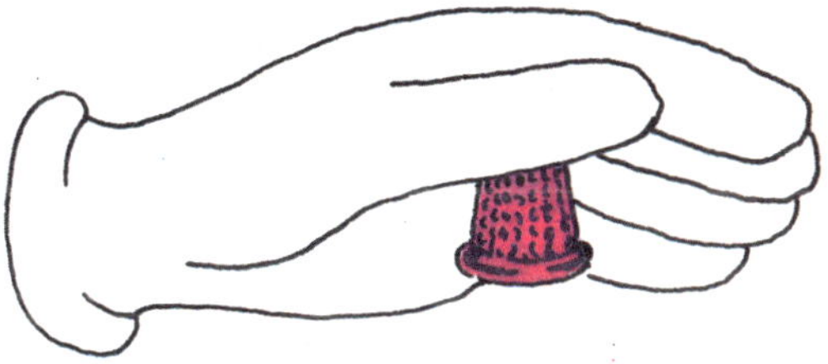

3

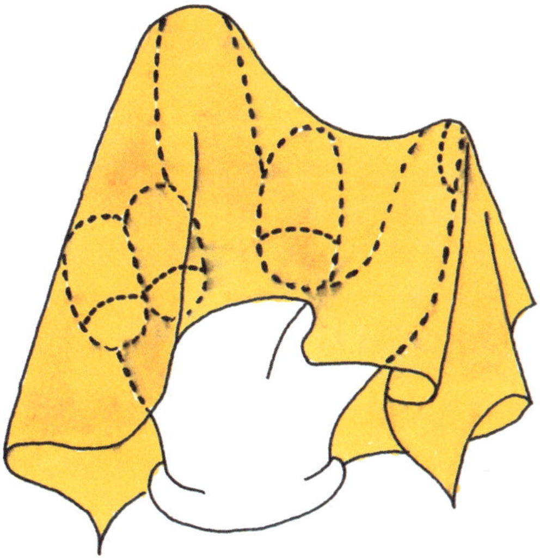

DER MÜNZENTAUSCH

MATERIAL:
Zwei Zehnermünzen
und eine Fünfermünze

VORFÜHRUNG:

Du legst zwischen die 2 Zehner den Fünfer auf den Tisch. Nun kannst du mit deinem Publikum wetten, daß niemand den rechten Zehner an die Stelle des linken legen kann, wenn man folgende Regeln einhält:

Man darf den linken Zehner bewegen, aber nicht berühren. Den rechten Zehner darf man berühren und bewegen. Hingegen den Fünfer darf man nur berühren und nicht bewegen.

Alle werden sagen: »Das ist unmöglich!« – Aber du kannst es doch. Lege deinen linken Zeige- oder Mittelfinger ganz fest auf die Fünfermünze, mit dem Zeige- und Mittelfinger deiner rechten Hand bewege den rechten Zehner nach rechts und ganz schnell wieder nach links gegen den Fünfer. Du wirst sehen, der linke Zehner rutscht so weit nach links, daß du den rechten in die Lücke schieben kannst.

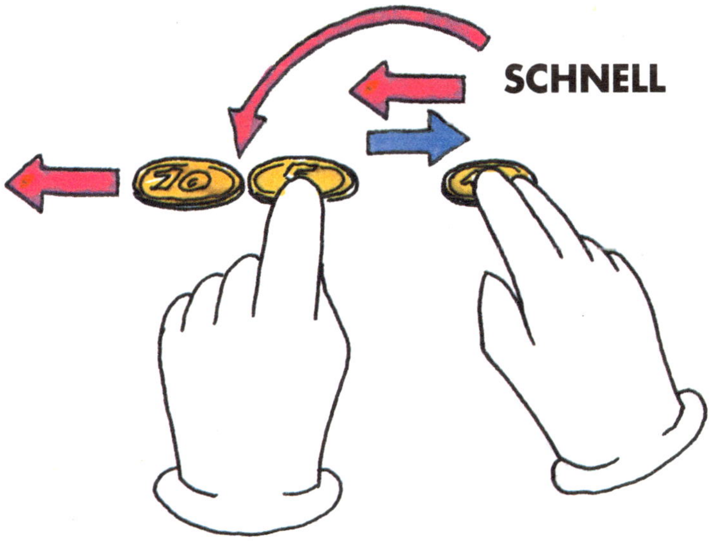
SCHNELL

DEINE HAND ERKENNT DIE KARTE

MATERIAL:
Ein Kartenspiel

VORFÜHRUNG:
Du bittest jemanden aus deinem Publikum, eine Karte aus dem fächerförmig ausgebreiteten Spiel zu ziehen, sich diese gut zu merken und verdeckt auf den Tisch zu legen. Nun sprichst du: »Ich lege nun die anderen Karten darauf und hebe ab, deine Karte liegt nun irgendwo zwischen den anderen 31 Karten. Meine rechte Hand wird die Karte erkennen, sie wird zittern und zweimal ausschlagen.« Während du sprichst, hast du begonnen, die Karten langsam nacheinander umzudrehen. Auf einmal zittert deine Hand und schlägt zweimal auf die zuvor abgelegte Karte, die Karte deines Zuschauers.

LÖSUNG:
Wenn jemand aus deinem Publikum seine gezogene Karte betrachtet, schaust du unbemerkt ganz schnell auf die unterste Karte. Diese Karte liegt ja nach dem Überdecken vor der bestimmten Karte. Jetzt kannst du abheben oder abheben lassen. Beim Aufschlagen der einzelnen

Karten machst du weiter, auch wenn die dir bekannte Karte erscheint, erst wenn die nächste umgelegt ist, zittert deine Hand und schlägt zweimal auf die Karte.

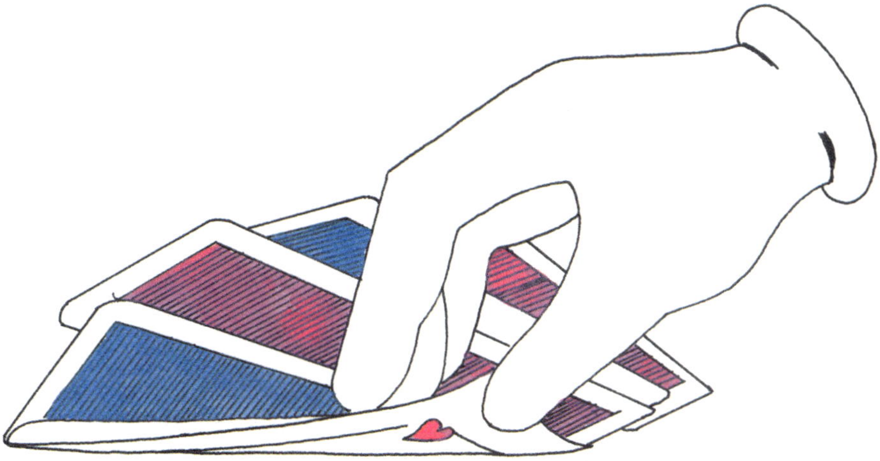

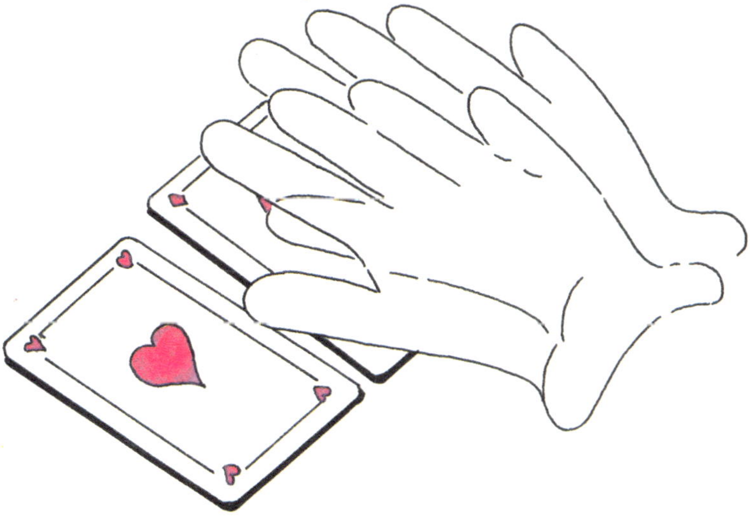

EINE KARTE WIRD "REPARIERT"

MATERIAL:
Ein Kartenspiel, ein Holzkästchen, ein schwarzer Fotokarton

VORFÜHRUNG:
Du läßt einen Zuschauer eine Karte aus deinem Spiel ziehen, er zerreißt sie in viele kleine Teile.
Nun gibst du die Schnipseln in das vorbereitete Holzkästchen, sagst einen Zauberspruch und öffnest die Schachtel. Siehe da, die Karte ist wieder ganz, und es ist die gleiche Karte, die dein »Assistent« gezogen hat.

LÖSUNG:
Du hast das Holzkästchen natürlich präpariert. Du nimmst entweder eine Zigarrenschachtel oder kaufst dir in einem Bastlergeschäft ein Holzkästchen. Der Deckel sollte aber mindestens 1 cm tief sein. Außen kannst du deine Schachtel bunt anmalen, innen wird sie aber mit schwarzer Plakatfarbe ausgemalt. Jetzt mußt du noch den schwarzen Fotokarton in der Größe der Grundfläche des Kästchens ausschneiden. Wenn du die Einlage in den Deckel der Schachtel legst, sollte sie beim Schließen problemlos auf den Boden fallen! Und das ist auch der Trick: Du legst in den Deckel die gleiche Karte, die dein Zuschauer später ziehen wird, darauf gibst du die Einlage. Damit sie aber im Deckel bleibt,

stellst du dein Kästchen geöffnet auf den Zaubertisch. Wenn du dann den Trick vorführst, legst du die Schnipsel in die Schachtel, sobald du sie schließt, fällt die Einlage aus dem Deckel, und dein Publikum sieht nur mehr die ganze Karte. Damit aber die richtige Karte »gezogen« wird, fächerst du das Spiel auf und merkst dir genau, wo die Karte ist, am besten in der Mitte des Spiels. Nun mußt du die Karte »forcieren«, du bewegst den Fächer ständig hin und her, und wenn dein Zuschauer eine Karte nehmen will, schiebst du die vorgesehene Karte mit dem Daumen direkt in seine Hand.

DAS MYSTERIÖSE EXPERIMENT

MATERIAL:
Vier Zündholzschachteln

VORFÜHRUNG:
Du nimmst die vier Zündholzschachteln und läßt sie von deinen Zuschauern untersuchen, niemand wird etwas Verdächtiges sehen. Nun legst du sie nebeneinander auf den Tisch und erklärst deinem Publikum, daß du imstande bist, die Schachteln zu erkennen, die von einem Zuschauer um 180° gedreht wurden, obwohl du nicht im Zimmer bist oder mit dem Rücken zum Tisch stehst.
Nach diesen Worten gehst du entweder aus dem Zimmer oder drehst dich um. Nachdem ein Zuschauer eine oder mehrere Schachteln gedreht hat, trittst du wieder zum Tisch und kannst sofort die gedrehten Schachteln erkennen.

LÖSUNG:
Viele Zündholzschachteln haben an der Schmalseite bei den farbigen Rändern unterschiedliche Breiten. Suche dir vier Schachteln, die besonders verschiedene Randbreiten haben. Wenn du die Schachteln mit der Rückseite nach oben auf den Tisch legst, achte darauf, daß die Seiten mit dem breiten Rand nebeneinander liegen. Jetzt kannst du das Zim-

mer verlassen oder dich umdrehen, du kannst jederzeit die gedrehten Schachteln herausfinden. Gedreht werden darf aber nur so, daß nachher noch immer die Rückseite nach oben zeigt. Du kannst diesen Trick auch mit Spielkarten machen, in jedem Spiel findest du Karten mit verschiedenen Rändern, suche aber nur unter den Bildkarten (Bube, Dame, König).

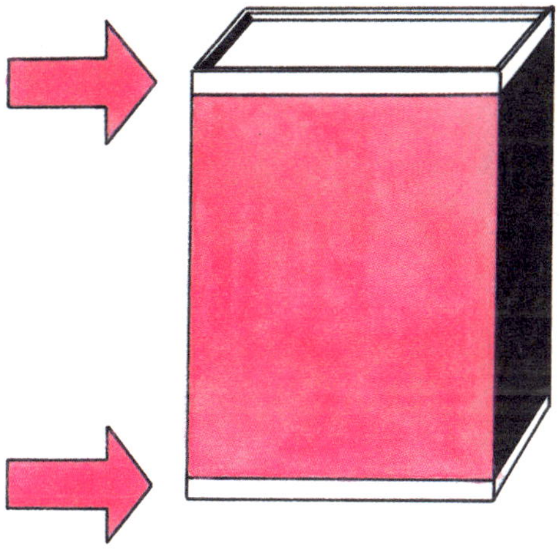

DIE ZECHPRELLER

MATERIAL:
Eine Spielkarte oder
ein Blatt Papier, 18 Münzen

VORFÜHRUNG:
Dies ist ein ganz besonders lustiger und einfacher Trick. Zuerst mußt du die Geschichte des Wirtes erzählen, der auf diesen Trick hereingefallen ist.
Siebzehn Studenten hatten viel gegessen und getrunken, als sie dann zahlen sollten, hatten sie die Idee: Alle, auch der Wirt, sollen sich um den Tisch setzen, und dann wird abgezählt; jeder siebente wird freigestellt, er darf aufstehen und muß nicht zahlen. Der Wirt war begeistert und glaubte natürlich, daß auch er freigestellt wird, aber am Ende mußte er feststellen, daß die Kosten des ganzen Abends auf seine Rechnung gingen. Während du sprichst, legst du in die Mitte die Spielkarte oder zeichnest auf ein Blatt Papier ein Rechteck, das stellt dann den Tisch dar. Die Münzen legst du als »Studenten« um den Tisch, der Wirt »sitzt« als größere Münze an der oberen Schmalseite des Tisches.
Jetzt beginnst du mit dem Abzählen und entfernst jede Münze, auf die die Zahl Sieben fällt. Das Geheimnis ist ganz einfach – du mußt nur mit der Zahl Eins beginnen, wie du in der Zeichnung siehst, so werden alle Münzen frei, und nur der Wirt bleibt übrig.

WiRT
9
8
7
6
5
4
3
2
1
18
17
16
15
14
13
12
11
10

DAS SPRINGENDE AS

MATERIAL:
Vier verschiedene Spielkarten, ein As, Klebstoff und eine Wäscheklammer

VORFÜHRUNG:
Du zeigst deinem Publikum fünf Karten, die staffelartig verbunden sind.[1] Vier Zahlenkarten und in der Mitte ein As. Dein Publikum soll sich nun ganz genau die Lage des Asses merken. Die Karten werden umgedreht, jetzt zeigt die Rückseite nach vorne, und nun gibst du einem Zuschauer die Wäscheklammer, und er soll das in der Mitte liegende As markieren.[2] Wenn du die Karten wieder umgedreht hast, sitzt die Wäscheklammer neben dem As.[3]

LÖSUNG:
Du hast vor deiner Vorführung die fünf Karten staffelartig übereinandergeklebt, das As in der Mitte. Achte bitte darauf, daß die aufeinandergeklebten Karten immer die Hälfte der darunterliegenden Karten abdecken. Das ist eigentlich der ganze Trick:
Durch die Staffelung tritt an der Rückseite der Karten eine Verschiebung auf.
Aber das weiß dein Publikum ja nicht!

1

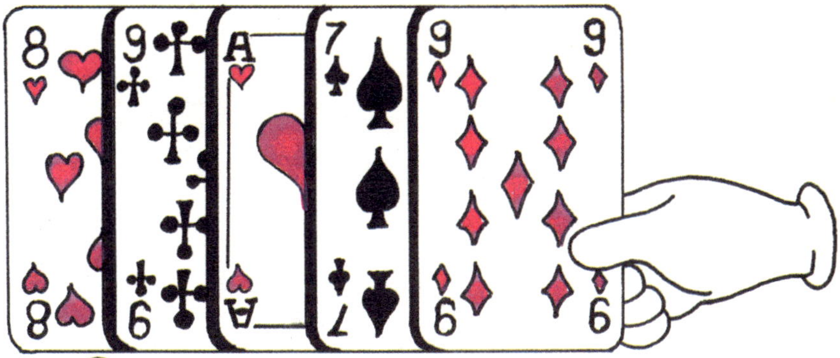

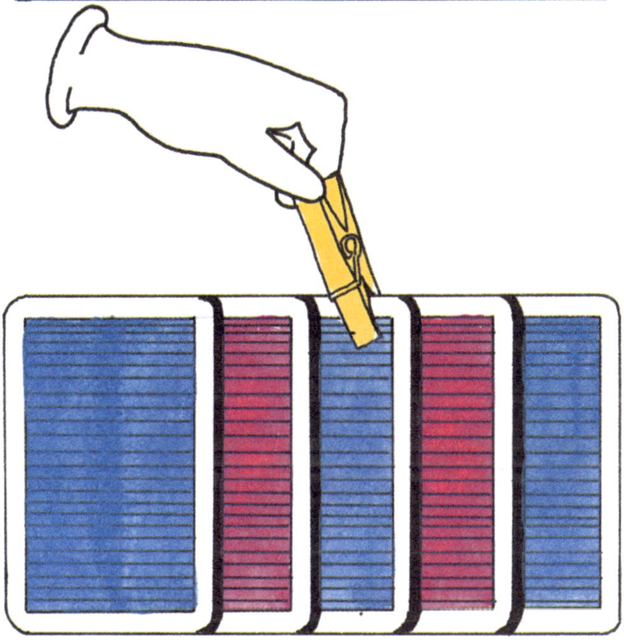

2

3

DER GELDSCHEIN IM GLAS

MATERIAL:
Ein vorbereitetes Taschentuch, ein Glas, eine Papierserviette und ein Geldschein

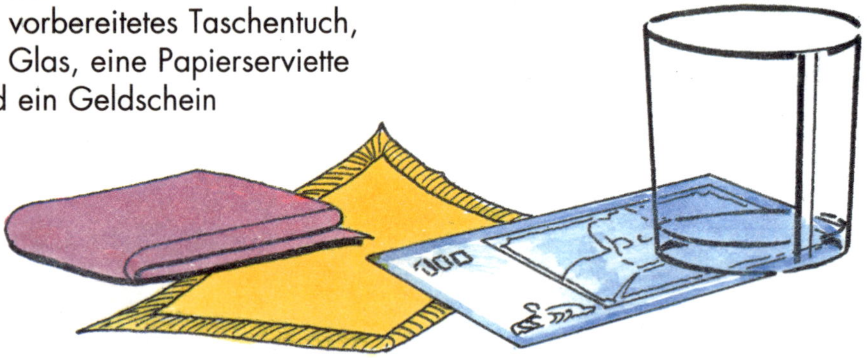

VORFÜHRUNG:
Du borgst dir von einem Zuschauer einen Geldschein aus und bittest ihn, auch die Nummer zu notieren. Nun faltest du den Schein klein zusammen, wickelst ihn in das Taschentuch, welches du aus deiner Brust- oder Hosentasche genommen hast, und bittest deinen Zuschauer, dieses festzuhalten.
Dann nimmst du eine Papierserviette, knüllst sie zusammen und legst sie in das Glas. Nun sprichst du ein paar Worte über die »Wanderung des Geldscheines« und nimmst dann dein Taschentuch vom Zuschauer, läßt aber vorher noch prüfen, ob er den Geldschein fühlt. Mit ein paar Zaubersprüchen schüttelst du das Taschentuch aus und zeigst deine leeren Hände – der Geldschein ist verschwunden. Nun soll der Zuschauer die Serviette aus dem Glas nehmen, und siehe da – der Geldschein ist darin.

LÖSUNG:
Du hast vor deiner Vorführung in dein Taschentuch ein gefaltetes Papier eingenäht – du hast also ein kleines Stück Stoff über das Papier genäht, damit dein Publikum es fühlen, aber nicht sehen kann.

Wenn du jetzt den Geldschein bekommst, faltest du dein Taschentuch so, daß man das Papier fühlen kann, dabei hast du aber den echten Geldschein in deiner Hand versteckt. Du nimmst jetzt die Serviette und knäuelst sie zusammen, dabei wickelst du den Geldschein unauffällig mit ein.

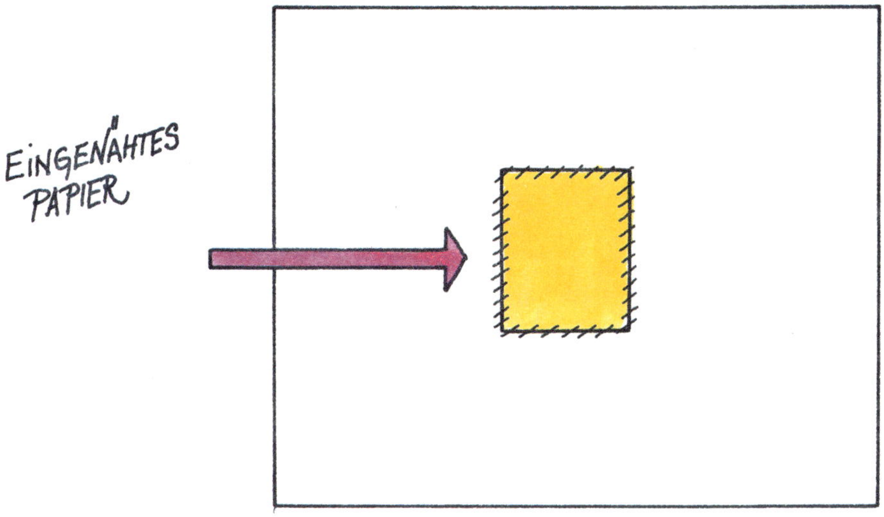

DIE GEHEIMNISVOLLEN SPIELKARTEN

MATERIAL:
Spielkarten mit den Werten
7–10 aller vier Kartenarten

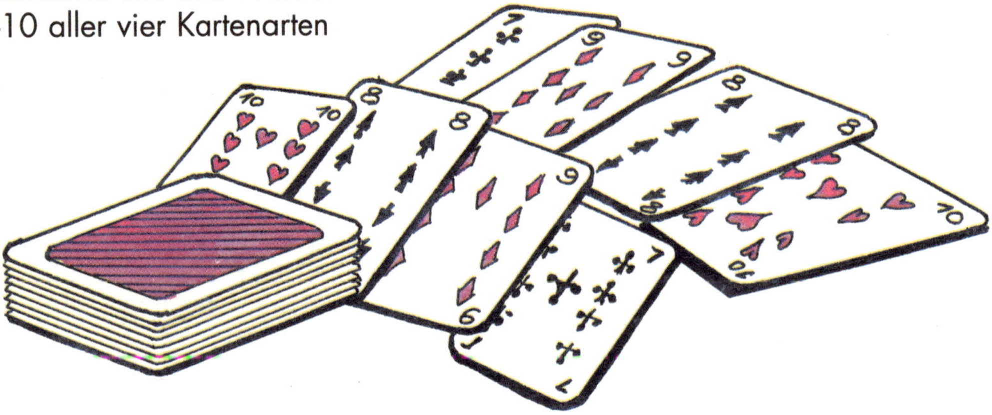

VORFÜHRUNG:
Du legst nun die Karten, egal welche Farbe, schwarz oder rot, nach der Zahlenreihenfolge aus, also 7, 8, 9, 10 (aber in einer Reihe untereinander). Nun kannst du deinem Publikum erklären, daß die Karten mit einer »magischen« Kraft verbunden sind, auch wenn sie getrennt liegen. Du schiebst die Reihen zusammen, es entstehen nun vier Päckchen, diese werden nun umgedreht, die Rückseite der Karten zeigt nach oben. Alle Päckchen werden nun zusammengelegt und mehrmals abgehoben. Von diesem Päckchen zählst du wieder vier Reihen aus, wenn du sie umdrehst, liegen die Zahlenwerte sortiert beieinander.
Alle 7er, 8er, 9er und 10er.

LÖSUNG:
Wenn du die Reihen zusammengeschoben hast, mußt du die vier Päckchen von links nach rechts zusammenlegen. Das linke erste Päckchen auf das zweite, das zweite auf das dritte und dann alle auf die rechts liegenden Karten. Nun kannst du diese Karten beliebig oft von einem Zuschauer abheben lassen, aber immer nur einmal von einem Päckchen zum anderen. Jetzt legst du die Karten von links

nach rechts der Reihe nach auf, mit der Rückseite nach oben, es entstehen wieder vier Reihen.
Zum besseren Verständnis für dich:
Die erste Karte ist die erste Reihe.
Die zweite Karte ist die zweite Reihe.
Die dritte Karte ist die dritte Reihe.
Die vierte Karte ist die vierte Reihe.
Die fünfte Karte kommt wieder in die erste Reihe.
Die sechste Karte kommt in die zweite Reihe usw. ...
So kommen alle Zahlenwerte geordnet zusammen, dein Publikum wird staunen!

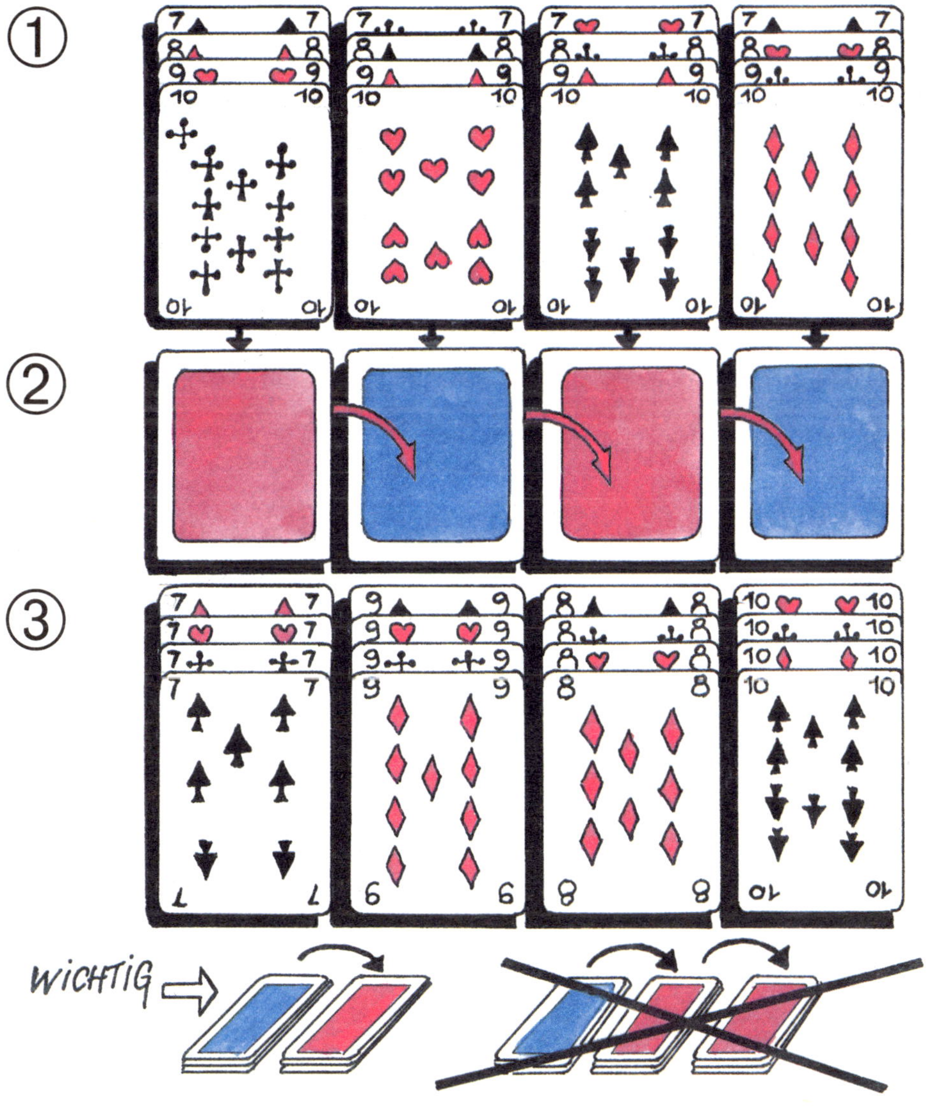

DIE "ZAUBERHAFTE" TASSE

MATERIAL:
Eine weiße, dicke Porzellantasse, Kakaopulver, Trockenmilch, eine Oblate und heißes Wasser

VORFÜHRUNG:
Du fängst zum Beispiel mit den Worten an: »Ich trinke sehr gerne Kakao, manchmal ist es mühsam, die ganzen Zutaten zu besorgen, daher bin ich nun dazu übergegangen, mein Lieblingsgetränk nur mit heißem Wasser zuzubereiten.«
Du zeigst deinem Publikum flüchtig die Tasse, gießt heißes Wasser hinein, rührst mit einem Löffel einmal um und reichst einem Zuschauer den köstlichen Kakao.

LÖSUNG:
Du nimmst die Porzellantasse, gibst auf den Boden Kakaopulver und Trockenmilch.[1] Nun deckst du alles mit einer weißen Oblate ab.[2] Feuchte sie am Rand an, damit sie hält. Jetzt gießt du das vorbereitete heiße Wasser in die Tasse[3] (das Wasser muß unbedingt ganz heiß sein, entweder hast du eine Kochstelle in der Nähe oder du gibst das kochende Wasser in eine Thermoskanne), die Oblate wird hochgeschwemmt, löst sich aber durch das heiße Wasser sofort auf.[4]

1
KAKAO PULVER
TROCKEN MILCH
2
3
4

DER BALL BALANCIERT AUF EINER KORDEL

MATERIAL:
Ein Tischtennisball rot lackiert, eine Kordel ca. 1 m lang, dünne Perlonschnur oder ein Faden, der zur Farbe der Kordel paßt, 80 cm lang, und ein Eierbecher

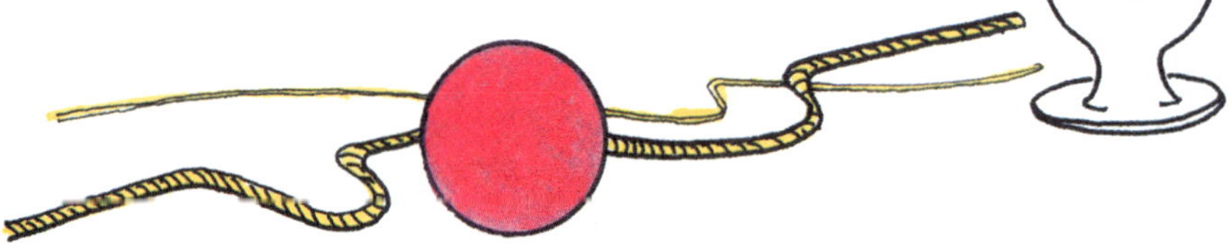

VORFÜHRUNG:
Du nimmst den Tischtennisball in die Hand, wirfst ihn in die Luft und fängst ihn sofort wieder auf. Dein Publikum kann daran sehen, daß er nicht präpariert ist. Nun stellst du den Eierbecher auf den Kopf und legst den Ball darauf. Du greifst zur Kordel, spannst sie zwischen deinen Händen, gehst ganz langsam und vorsichtig auf den Ball zu, hebst ihn mit der Kordel hoch. Zur großen Verwunderung deiner Zuschauer rollt der rote Tischtennisball auf der Schnur hin und her, jedoch ohne herunterzufallen.

LÖSUNG:
Du befestigst den dünnen Faden mit zwei Knoten rechts und links an der Kordel. Der Abstand sollte ca. 50 cm sein. Wenn du nun die Kordel fest spannst, mußt du zwischen Kordel und Faden Platz für einen Finger haben.
Achte bitte beim Eierbecher darauf, wenn du ihn umdrehst, daß er eine leichte Vertiefung hat, damit der Ball nicht wegrollen kann, aber du mußt ihn auch ohne große Schwierigkeiten abheben können.
Jetzt nimmst du die Schnur, spannst sie und schiebst den rechten und linken

Daumen zwischen Kordel und Faden, ein Abstand von ca. 1 cm entsteht. Mit Hilfe des Fadens und der Kordel kannst du nun den Ball vom Eierbecher abheben (du gehst mit dem gespannten Faden von vorne nach hinten unter dem Ball durch). Beim Hochheben des Balles achte bitte darauf, daß dein Publikum den Faden hinter der Kordel nicht sieht. Den Ball kannst du jetzt von rechts nach links und wieder zurück rollen lassen. Am Ende deiner Vorführung gibst du den Ball in das Publikum, während alle ihn untersuchen, entferne unbemerkt den Faden, dann kannst du auch die Kordel untersuchen lassen.

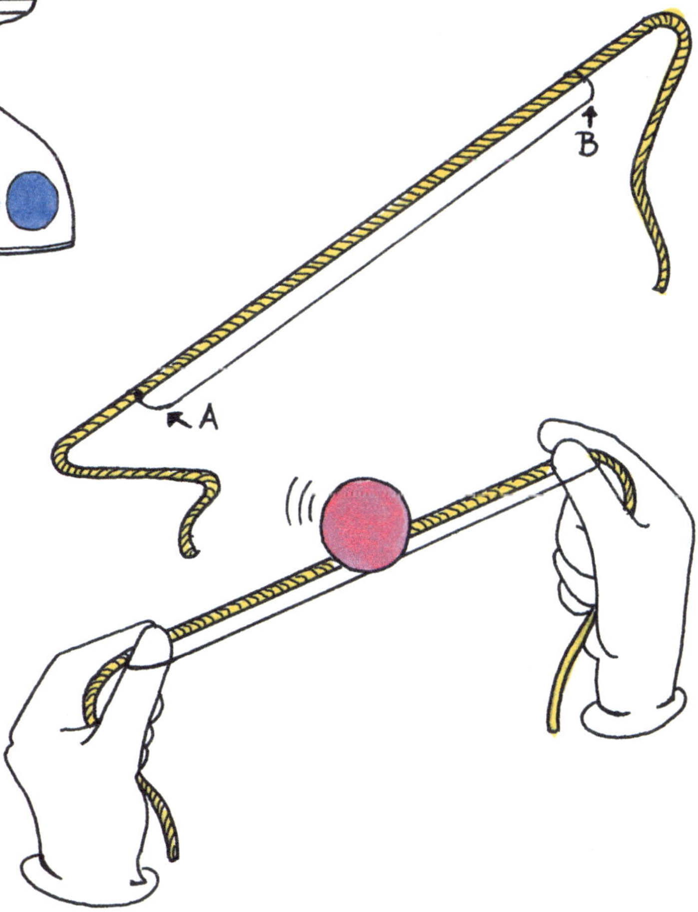

ERKENNE DIE KARTE IN DER SCHACHTEL

MATERIAL:
Ein Kartenspiel (32 Karten), ein Stück Spiegelfolie und Klebstoff

VORFÜHRUNG:
Du mischst das Kartenspiel gut durch und läßt dann einen Zuschauer eine Karte ziehen. Die restlichen Karten schiebst du zu einem Päckchen zusammen und hältst es mit der linken Hand weit weg von dir. Das Publikum sieht die Bildseite, die gezogene Karte wird nun als unterste auf das Päckchen gegeben. Dadurch, daß du die Karten weit weg hältst, ist es für dich unmöglich, die unterste Karte zu erkennen. Nun steckst du alle Karten wieder in die Hülle und schließt diese. Du bittest deinen Zuschauer, sich ganz genau auf die gezogene Karte zu konzentrieren, die Schachtel mit den Karten führst du vor deine Stirn, und nach kurzer Zeit nennst du die Farbe und den Wert der Karte.

LÖSUNG:
Vor deiner Vorführung hast du in den Deckel der Kartenschachtel die Spiegelfolie geklebt, wenn du nun das Päckchen in die Schachtel gibst, kannst du mit einem Blick Farbe und Wert der untersten (der gezogenen Karte) in der Spiegelfolie erkennen.

S
SPIELKARTEN

SPIEGEL-
FOLIE

DER FEURIGE BINDFADEN

MATERIAL:
Ein Faden ca. 1 m lang,
1 Kaffeelöffel Salz,
5 Kaffeelöffel Wasser,
1 Bleistift und eine Feder
(oder ein anderer leichter Gegenstand)

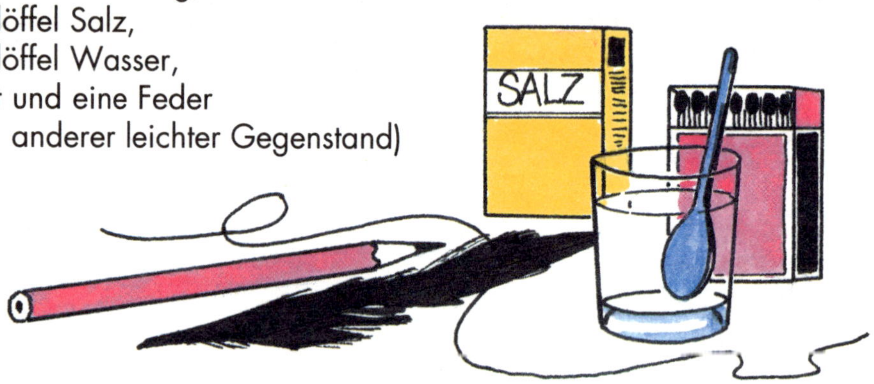

VORFÜHRUNG:
Du knüpfst die Feder an den Faden und läßt sie an diesem herunterhängen. Das obere Ende bindest du an einen Bleistift fest, damit du den Faden besser halten kannst. Nun zündest du ein Streichholz an und hältst es über der Feder am unteren Ende des Bindfadens. Und jetzt kommt die Zauberei: Die Flamme läuft am Faden hoch, verbrennt ihn jedoch nicht.

LÖSUNG:
Du stellst aus 1 Kaffeelöffel Salz und 5 Kaffeelöffel Wasser eine Salzlösung her, in diese legst du deinen Faden einen halben Tag. Dann nimmst du ihn heraus und läßt ihn trocknen. Und das ist der Trick! Wenn du deine Vorführung mit einem unpräparierten Bindfaden machst, verbrennt dieser, und die Feder fällt auf den Tisch.

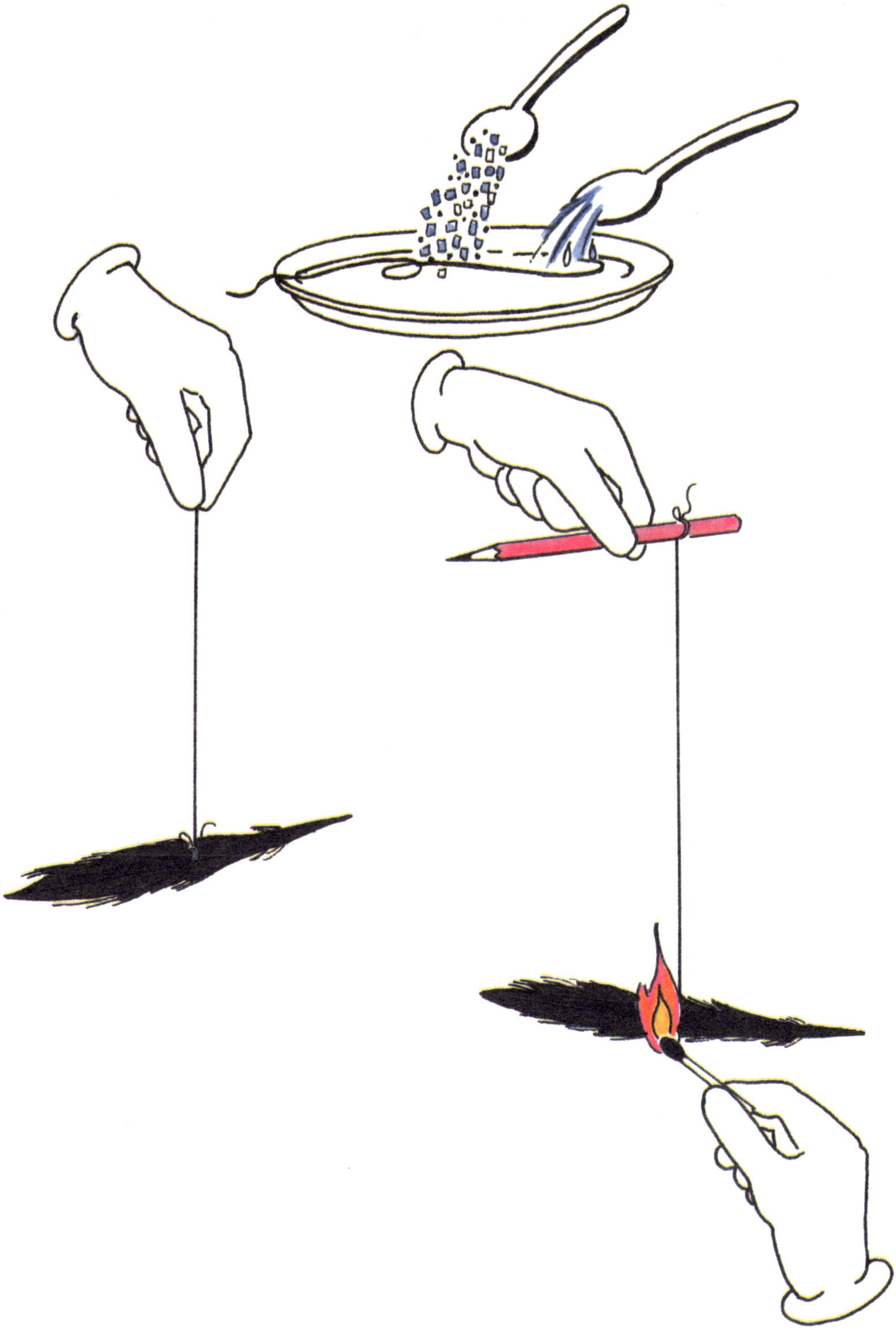

DER BALLON WIRD ZERSCHNITTEN

MATERIAL:
Zwei gleiche Luftballons

VORFÜHRUNG:
Du zeigst deinem Publikum einen Luftballon, nimmst eine Schere und zerschneidest ihn. Und welch Zauberei, in dem Moment, wo du ihn aufbläst, ist er wieder ein ganzer Luftballon.

LÖSUNG:
Natürlich hast du zwei Luftballons. Mit dem stumpfen Ende eines Bleistiftes oder Kochlöffels stopfst du den einen Ballon in seinen eigenen Hals.[1] Beim zweiten Ballon, den du dann zerschneidest, trennst du das Mundstück ab.[2] Nun steckst du den ersten Ballon in den Hals des zweiten aufgeschnittenen.[3] Die »Nahtstelle« verbirgst du vor deinem Publikum mit deinen Händen. Jetzt kannst du ohne Bedenken den Ballon zerschneiden[4] (sei nur vorsichtig, daß du nicht beide Ballons zerschneidest!). Wenn du nun den ganzen Ballon aufbläst, werden die zerschnittenen Reste des ersten Ballons automatisch zum Mundstück rutschen. Diese Teile kannst du ohne Probleme verstecken, da du ja mit Daumen und Zeigefinger das Mundstück halten mußt. Laß den Ballon nach dem Aufblasen nicht los, sonst könnte dein Trick entdeckt werden!

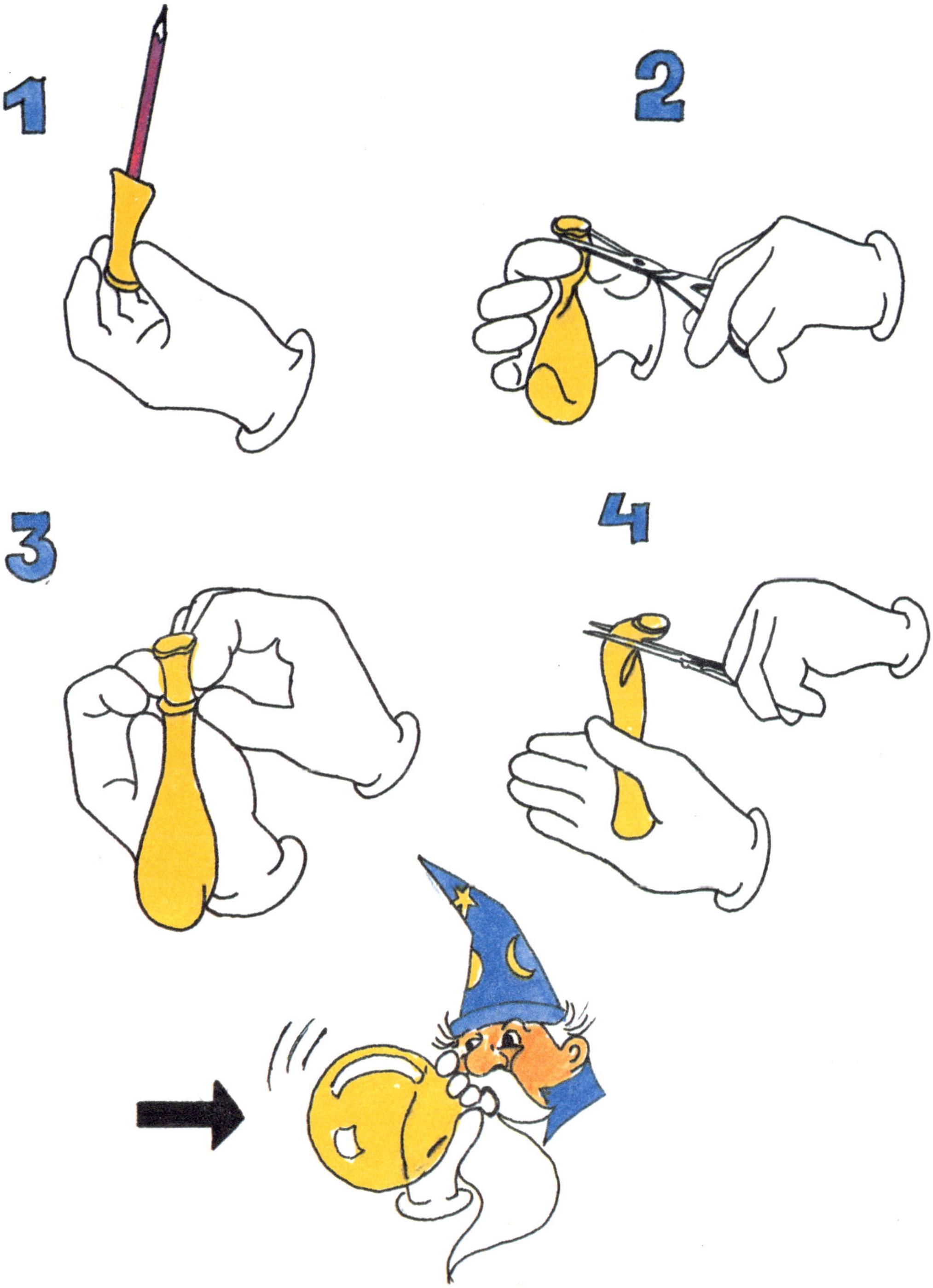
1
2
3
4

DIE ZAUBEREI MIT DER TÜTE

MATERIAL:
Sieben Karten aus einem dünnen Karton (5,5 x 6,5 cm), eine große Einkaufstüte

VORFÜHRUNG:
Bevor du vor dein Publikum trittst, mußt du noch eine kleine Vorbereitung machen: Du nimmst die 7 Karten, auf 4 Karten malst du einen Zylinder, auf die drei anderen malst du zum Beispiel eine Uhr, einen Stift und eine kleine Blume[1] Nun legst du diese Karten, wo kein Zylinder abgebildet ist, auf eine Seite deiner Papiertüte.[2]
Wenn du vor dein Publikum trittst, legst du die vier Zylinderkarten verdeckt (mit der Rückseite nach oben) auf den Tisch.[3] Ein Zuschauer darf sich eine Karte aussuchen, diese zeigst du nun, ohne daß du sie selbst sehen kannst.[4] Du sammelst die vier Karten ein, mischst sie kräftig und legst sie in die Tüte neben den anderen versteckten Karten.[5]
Nach einem Zauberspruch erklärst du deinem Publikum, daß du in der Lage bist, mit geschlossenen Augen die eine ausgewählte Karte aus der Tüte zu holen. Greife jetzt hinein, nimm eine Karte von dem Stoß mit den Zylinderkarten (du mußt dir unbedingt merken, auf welcher Seite die Karten mit dem Zylinder und auf welcher die anderen Karten liegen!) und frage dein Publikum, ob es die richtige Karte ist.[6] Falls jemand die anderen Karten sehen möchte, nimm einfach die anderen Karten mit den verschiedenen Motiven.

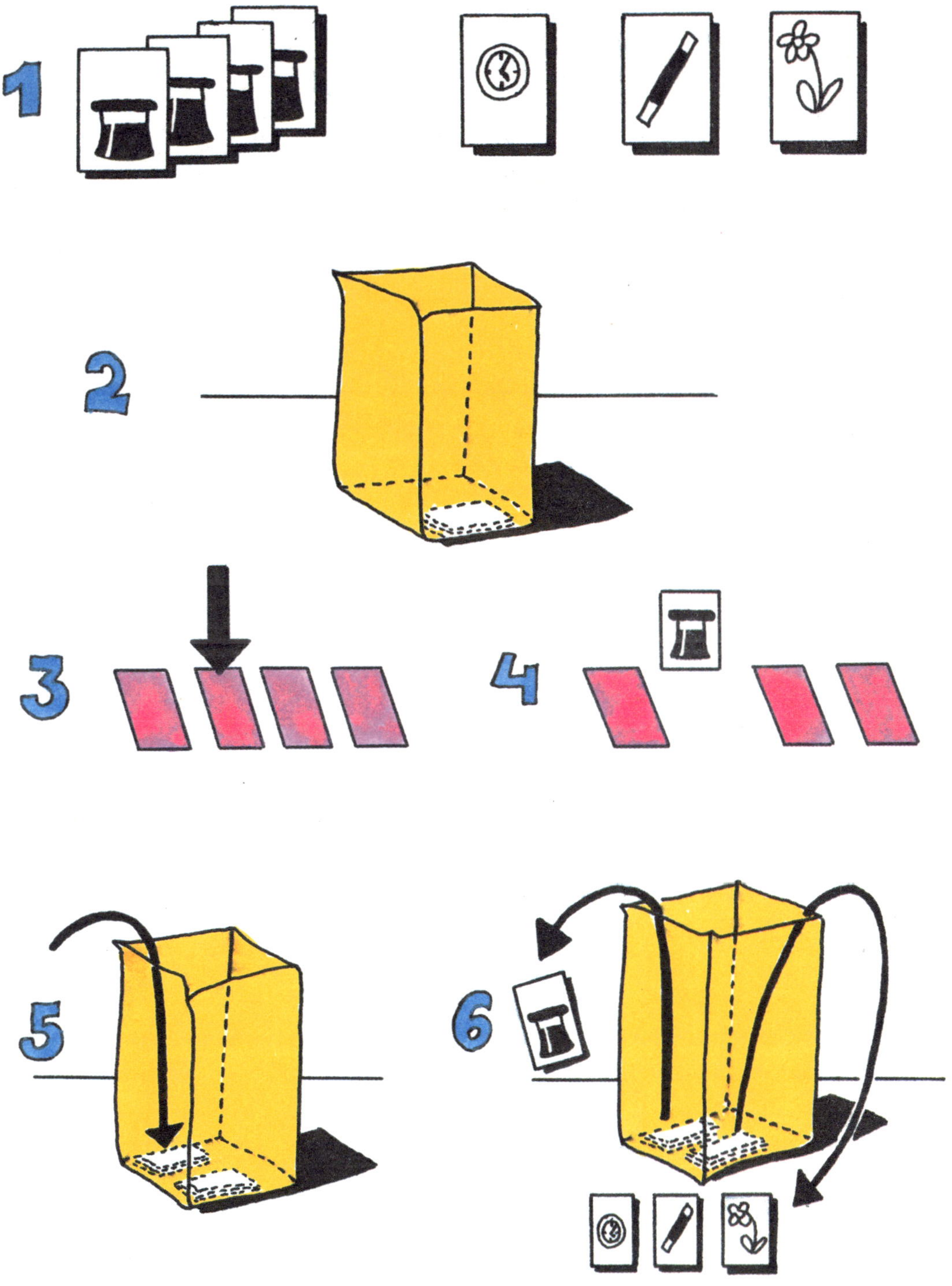
1
2
3
4
5
6

DIE SCHNUR BLEIBT GANZ, DER STROHHALM WIRD ZERSCHNITTEN

MATERIAL:
Eine Schnur und ein Trinkstrohhalm

VORFÜHRUNG:
Du fädelst in den Strohhalm die Schnur ein, jetzt biegst du den Halm zu einem scharfen Winkel und schneidest mit einer Schere im Knick den Strohhalm entzwei. Die Schnur müßte jetzt auch zweigeteilt sein, aber nein, du ziehst die 2 Hälften ab, und die Schnur ist ganz.

LÖSUNG:
Den Strohhalm hast du vor deiner Vorführung präpariert. In der Mitte hast du einen ca. 5 cm langen Schlitz geschnitten,[1] vor deinem Publikum biegst du den Halm so, daß sich der Schlitz unter dem Knick befindet, durch Straffen und Ziehen wird die Schnur durch diese Öffnung herauskommen,[2] und jetzt kannst du den Halm allein durchschneiden.[3] Den sichtbaren Schnurteil kannst du leicht mit der Hand, die den Halm zerschneidet, verdecken.

1

2

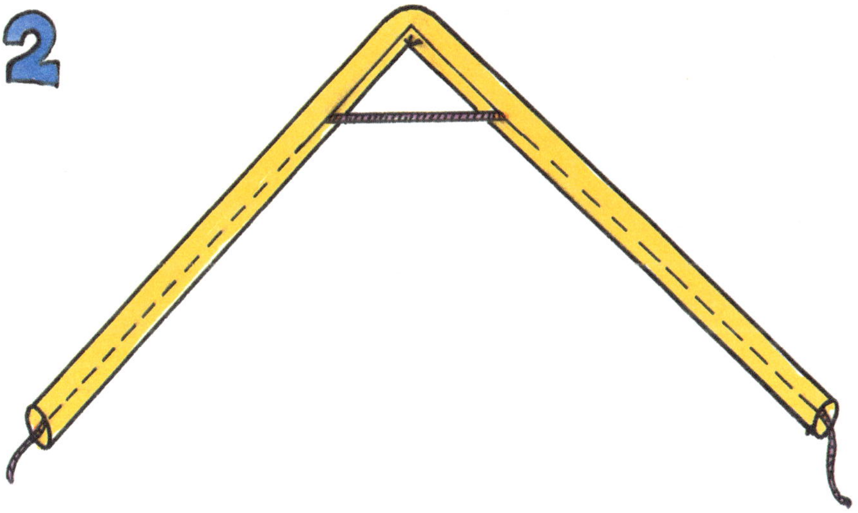

3

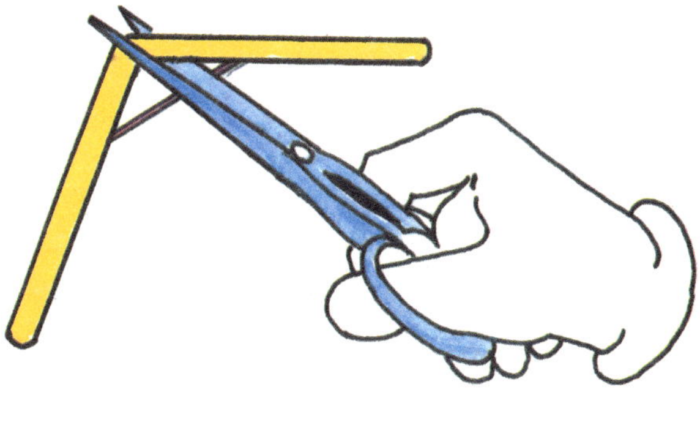

DIE SCHWEBENDE ZEITUNG

MATERIAL:
Ein Zeitungsbogen, zwei Büroklammern, ein Seil und ca. 1 m dünner Nylonfaden (du kannst dir diesen entweder kaufen, oder noch besser ist es, wenn du eine alte Damenstrumpfhose nimmst, sie aufziehst und den Faden aufwickelst)

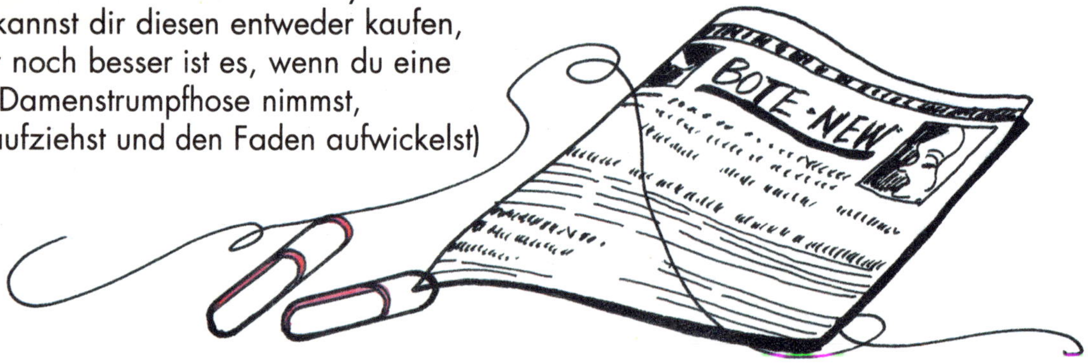

VORFÜHRUNG:
Du drehst den Zeitungsbogen zu einer Röhre und befestigst sie oben und unten mit den Büroklammern. Nun hältst du mit der rechten Hand die Röhre senkrecht nach unten, und mit der linken Hand steckst du ein Seil von oben nach unten durch.
Du läßt die Zeitung plötzlich los, und sie bleibt in der Luft stehen. Vorsichtig gibst du die Röhre in deine rechte Hand, und sie schwebt auf und nieder. Am Ende deiner Vorführung läßt du die Zeitung wieder hochschweben, gibst die Klammern heraus, und dein Publikum kann sowohl die Zeitung als auch das Seil untersuchen.

LÖSUNG:
Du befestigst ein Ende des Nylonfadens an einer Sicherheitsnadel an deinem Hosenbund, das andere Ende an einer der Büroklammern, die du in der Tasche stecken hast. Nun befestigst du die Zeitungsröhre mit den Klammern (an der oberen Klammer ist der Nylonfaden!). Der Faden läuft nun über deine rechte Hand. Läßt du die Röhre los, schwebt sie

am Faden. Auf und nieder schweben kannst du sie lassen, indem du den rechten Arm vom Körper weggibst oder eben zum Körper, dadurch wird der Faden einmal länger und einmal kürzer. Das Seil, das du durchsteckst, dient nur zur Stabilisierung der Zeitungsröhre und zur Ablenkung des Publikums.

DAS TUCH ERSCHEINT AUS EINER KARTONROLLE

MATERIAL:
Ein Bogen schwarzer Karton, farbige Tixobänder, Klebstoff, Gummiring und ein dünnes buntes Seidentuch, ca. 20 x 20 cm

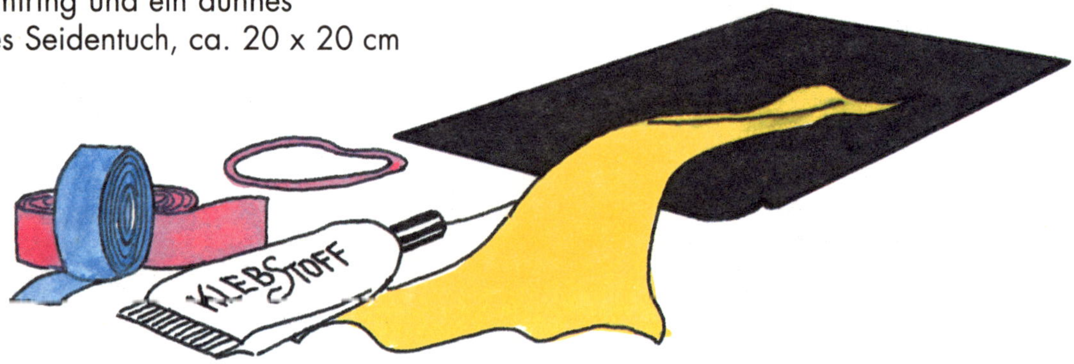

VORFÜHRUNG:
Du zeigst deinen großen biegsamen Karton von beiden Seiten, niemand sieht etwas, dann rollst du ihn zusammen, streifst den Gummiring darüber und sprichst einen Zauberlehrlings-Zauberspruch. Nun nimmst du deinen Zauberstab und schiebst ihn durch das Rohr. Dein Publikum wird staunen, denn aus deinem Zauberrohr quillt ein Seidentuch hervor. Jetzt legst du das Rohr und den Zauberstab zur Seite und zeigst das Tuch von beiden Seiten.

LÖSUNG:
Du zeichnest auf den schwarzen Karton ein Rechteck mit der Höhe 25 cm und der Breite 28 cm. Auf der linken Seite 2 cm oberhalb des unteren Randes zeichnest du einen Streifen mit der Höhe 5 cm und der Breite 9 cm (dies wird dein Versteck für das Seidentuch).[1] Diese Lasche rollst du zu einer kleinen Röhre von ca. 2,5 cm Durchmesser und klebst sie fest.[2] Die Außenseite des Kartons beklebst du jetzt mit den bunten Tixobändern, am besten mit schräg verlaufenden

Streifen. Jetzt kannst du in das kleine Rohr das Seidentuch verschwinden lassen, aber Achtung: Man darf nichts sehen! Wickle aus deinem Karton nun ein Rohr, und sichere dieses mit dem Gummiring.[3]

Wenn du jetzt vor deinem Publikum stehst, nimmst du das Rohr und rollst es auseinander. Das kleine eingeklebte Rohr muß rechts unten sein und wird von deiner rechten Hand verdeckt.[4] Rolle nun den Karton wieder zusammen, streife den Gummiring darüber, schiebe den Zauberstab nun so hinein, daß auf der anderen Seite dein verstecktes Seidentuch herausquillt.[5]

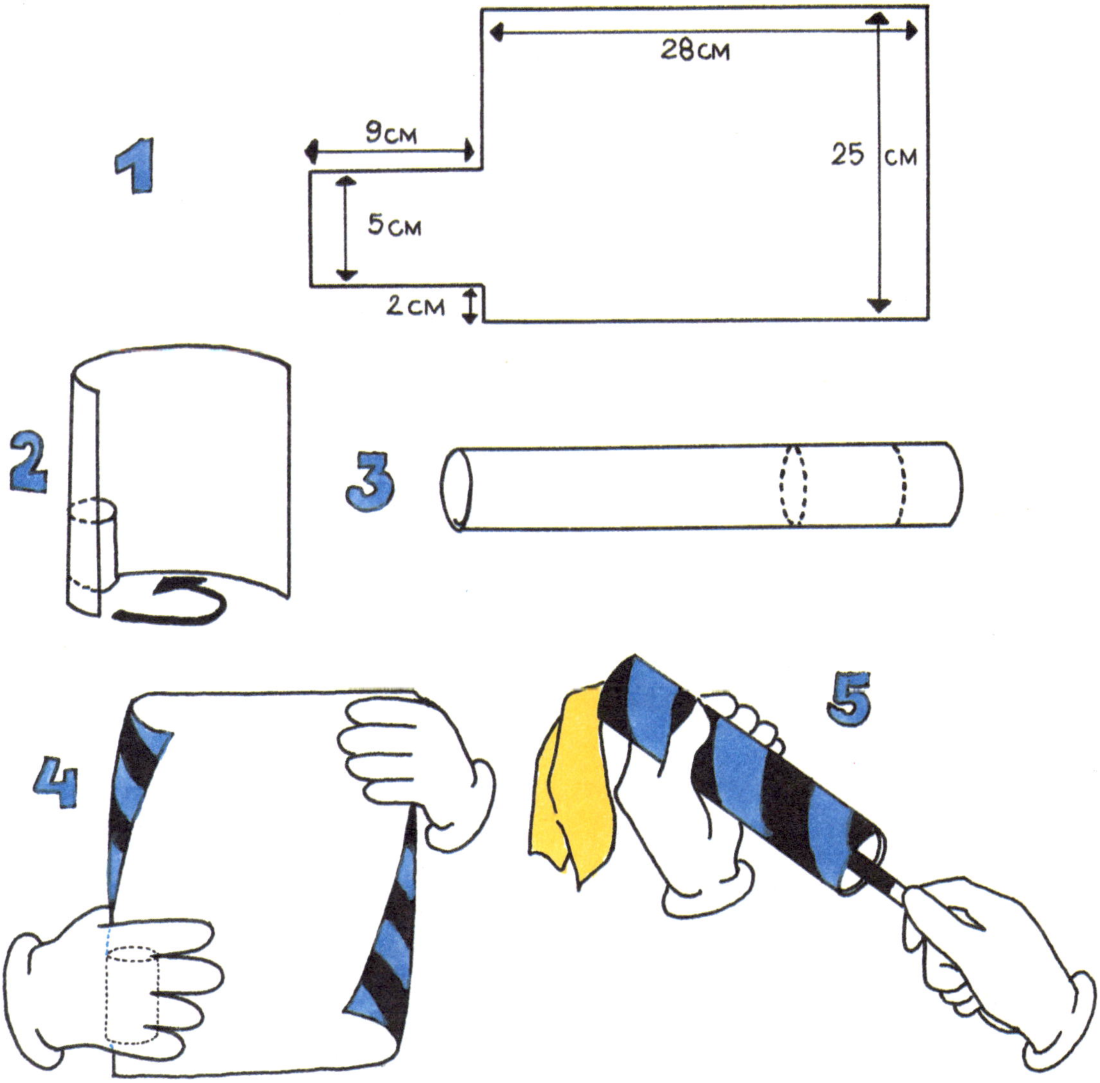

DER ZAUBERSTAB DURCHDRINGT DEN TISCH

MATERIAL:
Ein Holzstab, der schwarz angemalt wird, mit einer weißen Spitze, eine aus Papier geklebte weiße Hülse, welche genau auf die weiße Spitze paßt

VORFÜHRUNG:
Du nimmst den Zauberstab und »bohrst« ihn in die Tischplatte, anschließend ziehst du ihn wieder heraus.

LÖSUNG:
Du nimmst einen Holzstab und malst ihn schwarz an mit einer weißen Spitze. Aus Papier klebst du dir eine weiße Hülse, die genau auf die weiße Spitze paßt, also die gleiche Länge hat. Am Anfang deiner Vorführung sitzt die Hülse auf der weißen Spitze deines Zauberstabes.
Du setzt nun das schwarze Stabende auf die Tischplatte, deine rechte Hand hält den Stab an der weißen Spitze (wo ja deine Hülse sitzt). Nun führst du langsam die Hülse zur Tischplatte, dabei gleitet der Stab heimlich in deinen Ärmel, für dein Publikum »dringt« er aber in die Tischplatte.
Jetzt hältst du den Stab mit der linken Hand an der Stelle, wo er eingedrungen ist, fest und ziehst ihn wieder heraus; du schiebst einfach die Hülse wieder zur weißen Spitze nach oben.
Wenn du die Hülse schnell verschwinden läßt, kannst du deinem Publikum den Zauberstab zum Untersuchen geben.

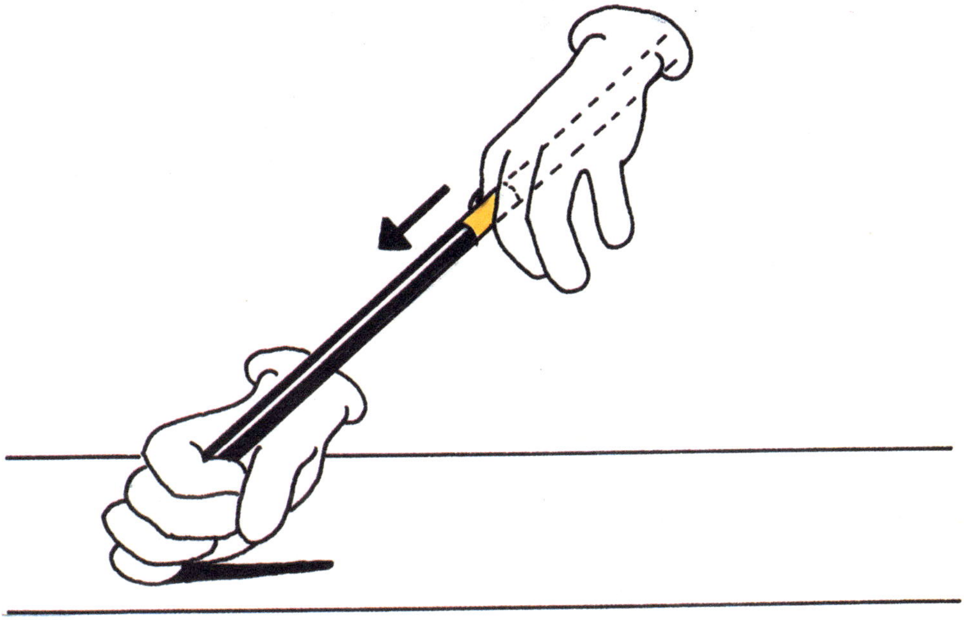

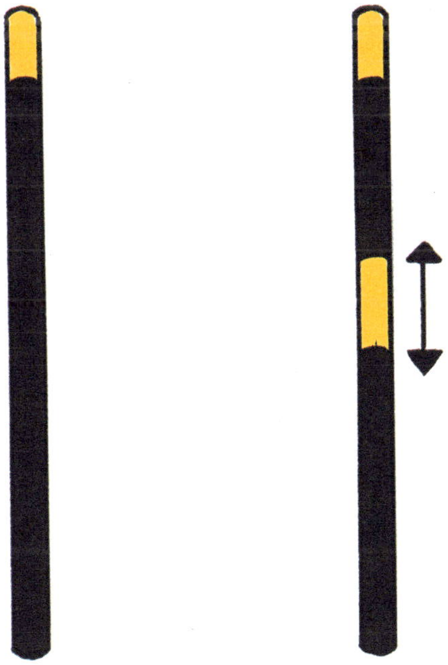

DIE ZWEI ZAUBERRINGE

MATERIAL:
Zwei Metallringe
(z. B. Vorhangringe)
und ein kleiner Magnet

VORFÜHRUNG:
Du zeigst dem Publikum die zwei Metallringe, sie können auch untersucht werden – niemand wird etwas Verdächtiges entdecken. Einen Ring hältst du zwischen Daumen und Zeigefinger in der rechten Hand, den zweiten in der linken Hand hältst du nun von unten gegen den ersten, da beide Ringe geschlossen sind, kann man sie nicht ineinanderhängen. Der untere Ring kann auch nicht am oberen hängen bleiben, wenn du ihn losläßt. Doch für dich als Schüler des Zauberlehrlings ist dies kein Problem: Du bläst einmal gegen die Ringe, und der untere hängt am oberen! Du kannst auch den unteren Ring schwingen lassen.

LÖSUNG:
Dein ganzes Geheimnis ist ein kleiner Magnet, den du zwischen Daumen und Zeigefinger verborgen hältst.
Du nimmst zuerst die beiden Ringe in die linke Hand, in der rechten Hand hast du den kleinen Magneten zwischen Daumen und Zeigefinger verborgen. Wenn du nun den ersten Ring in die rechte Hand gibst, hält ihn bereits der Magnet, drückst du jetzt den zweiten dagegen, bleibt er hängen.

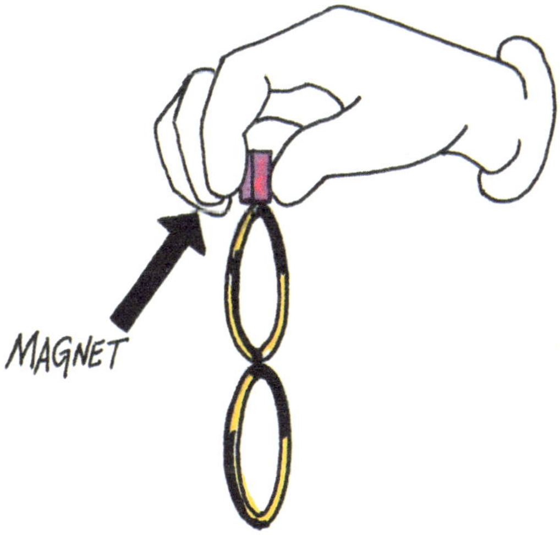
MAGNET

DIE SEIFENBLASEN WERDEN VERWANDELT

MATERIAL:
Eine Seifenlösung für die Seifenblasen, ein Trinkhalm, eine Tüte aus Zeitungspapier und Konfettis (oder Seidenblumen, Seidentücher etc.)

VORFÜHRUNG:
Du zeigst deinem Publikum die leere Zeitungstüte, dann bläst du besonders große Seifenblasen in die Luft. Nun fängst du die Blasen mit der Tüte, wenn du sie öffnest, kommt ein Konfettiregen heraus (oder ein Strauß mit Seidenblumen).

LÖSUNG:
Der Trick ist ganz einfach, du mußt nur vor deiner Vorführung eine Zeitungstüte wie folgt präparieren:
Du faltest die Zeitung auseinander, schneidest von der rechten oberen Ecke schräg hinunter. Das dadurch enstandene Dreieck biegst du nach links und klebst es fest. Nun hast du eine Geheimtasche, welche oben offen ist. Vor dem Publikum nimmst du den nun quadratischen Zeitungsbogen, zeigst ihn flüchtig und faltest ihn zweimal. Die Faltlinien hast du schon vorbereitet, damit es schneller geht. In dieser Tasche kannst du nun alles verstecken, sei es Konfetti oder Seidentücher.

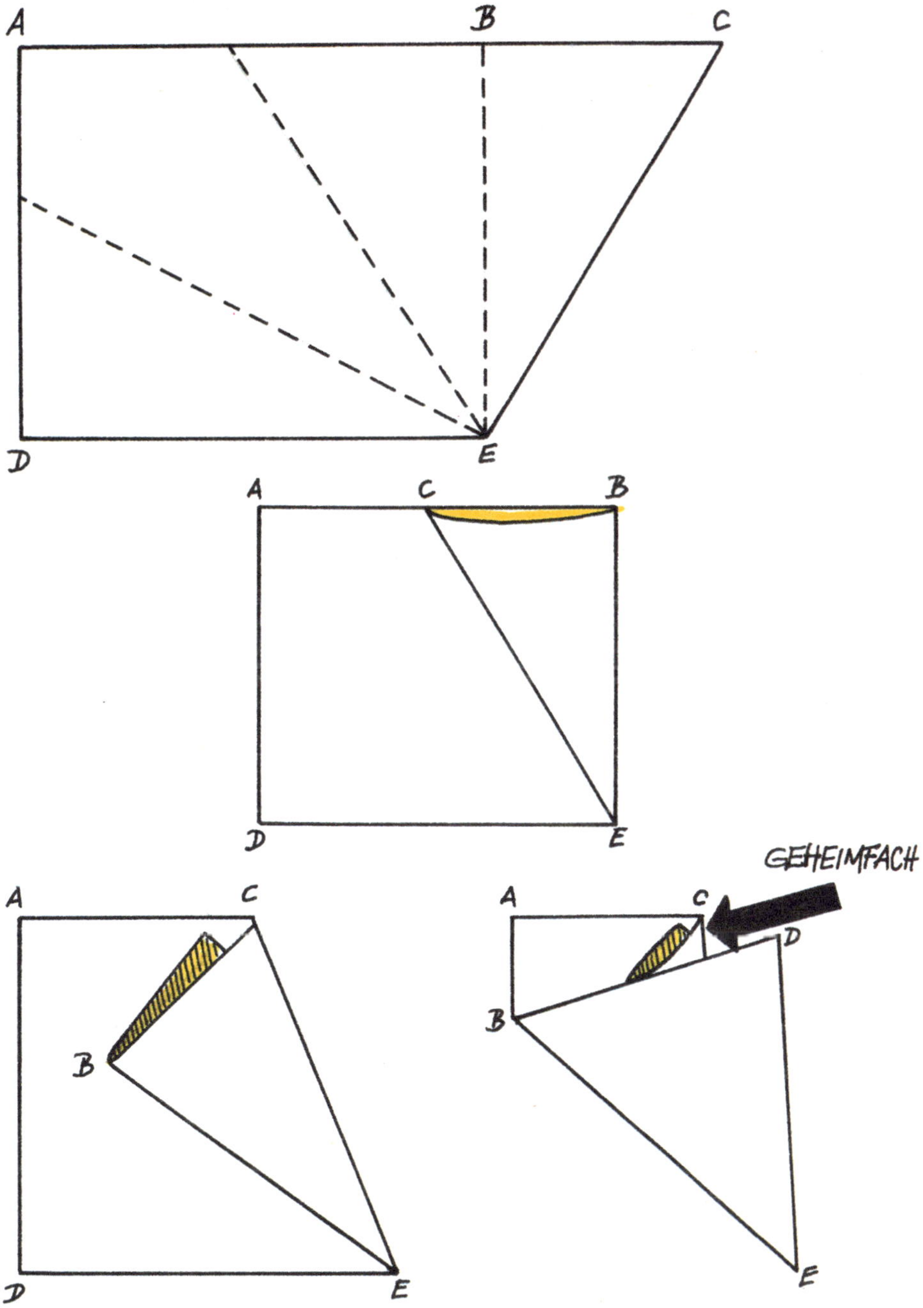
A
B
C
D
E
A
C
B
D
E
A
C
B
D
E
GEHEIMFACH
A
C
D
B
E

DER SEIDENTUCHRAHMEN

MATERIAL:
Ein Stickrahmen ca. 20–30 cm Durchmesser, eine Zeitung, fünf dünne Seidentücher und Klebstoff

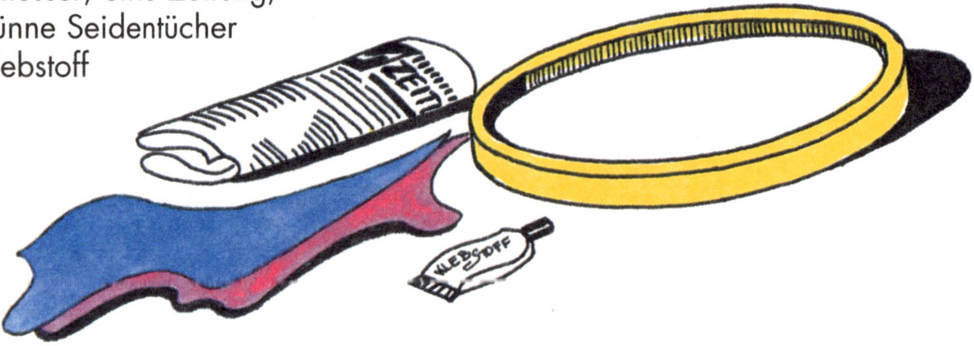

VORFÜHRUNG:
Du zeigst deinem Publikum die Zeitung von beiden Seiten, nichts Verdächtiges ist zu sehen (Vorsicht: nicht vor einer Lampe stehen!). Nun legst du die Zeitung auf einen Ring des Stickrahmens und von der anderen Seite in der Mitte den anderen Ring darüber. Du nimmst die Zeitung wieder auf, hältst sie am Stickrahmen und reißt vorsichtig ein Loch in die Mitte. Nun ziehst du langsam die Tücher nacheinander heraus.
Zu dieser Vorführung solltest du dir unbedingt einen Text vorher überlegen.

LÖSUNG:
Du legst das Doppelblatt der Zeitung ausgebreitet auf einen Tisch, zeichnest in der Mitte des rechten Blattes die Umrisse des Stickrahmens auf. Du faltest die Seidentücher zweimal zusammen und legst sie aufeinander (je dünner sie sind, desto besser). Jetzt legst du dieses »Tücherpaket« in die Mitte des aufgezeichneten Kreises in der rechten Zeitungshälfte. Nun nimmst du den Klebstoff und streichst den rechten Rand der Zeitung sowie die Kreislinie um die Taschentücher ein. Du faltest die linke Blatthälfte

darauf und drückst kräftig an. Damit niemand die Taschentücher sehen kann, mußt du darauf achten, daß keine Lampe hinter dir steht. Nun fährst du so fort, wie oben beschrieben, du mußt nur darauf achten, wenn du den Stickrahmen daraufsteckst, daß die Tücher in der Mitte sind.

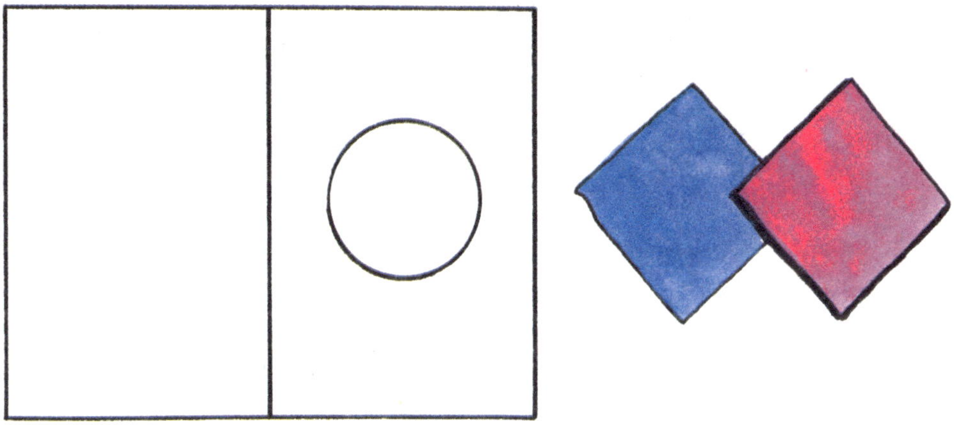

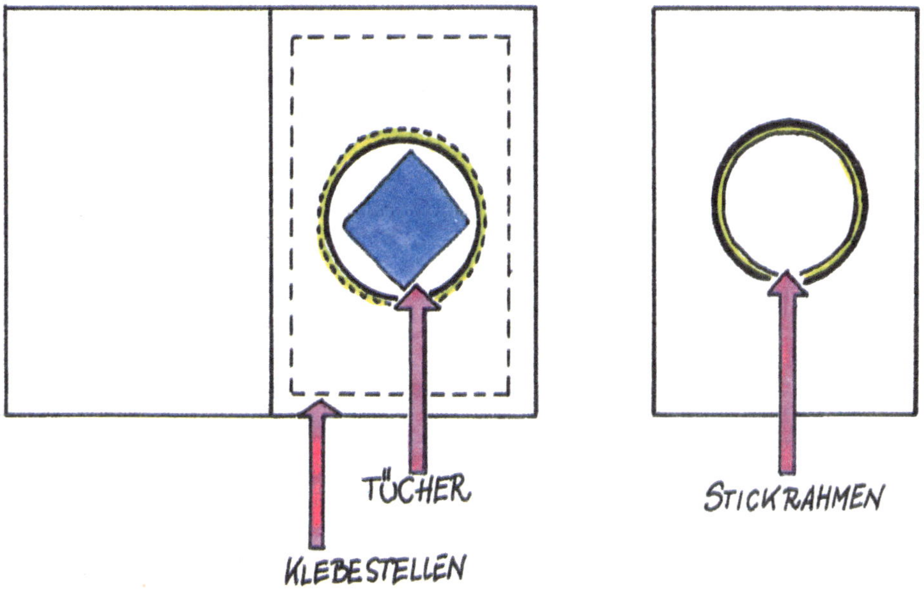

DIE TINTE VERWANDELT SICH IN WASSER

MATERIAL:
Ein Glas Wasser, blauer Stoff, dünner Nylonfaden, eine Perle, Holzspachtel oder ein Streifen Karton, eine Papierserviette und ein undurchsichtiges Tuch

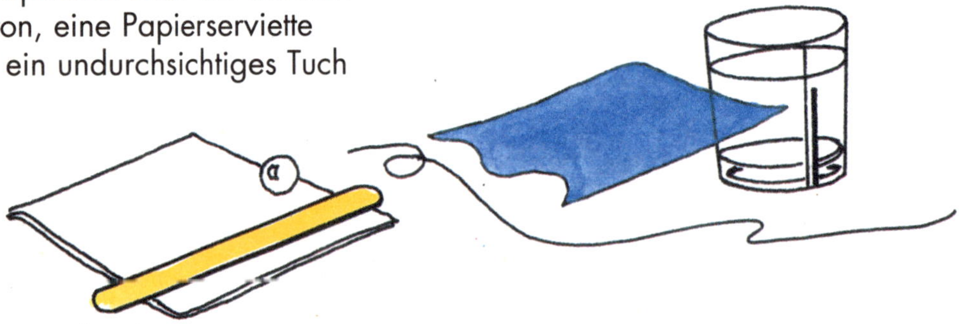

VORFÜHRUNG:
Deinem Publikum zeigst du ein Glas mit Tinte gefüllt. Jetzt tauchst du die helle Holzspachtel oder einen weißen Kartonstreifen in die Tinte, wenn du die Spachtel herausziehst, sieht jeder deutlich, daß sie blau ist. Mit der bereitliegenden Serviette wischst du sie ab, und man kann die blauen Tintenflecken sehen.

Breite nun das Tuch über das Glas, und sprich einen Zauberspruch, wenn du das Tuch entfernst, hat sich die Tinte auf geheimnisvolle Weise in Wasser verwandelt.

LÖSUNG:
Natürlich sind für diesen Trick einige Vorbereitungen notwendig. Nähe aus dem blauen Stoff einen Zylinder, der genau in das Glas paßt, er muß so hoch sein, daß er vom Boden bis etwa 2 cm unter die obere Kante reicht. Jetzt befestigst du am oberen Rand des Stoffes den Nylonfaden, an dessen Ende die Perle geknüpft ist.[1] Der Faden mit der Perle muß an der Außenseite des Glases hängen, aber so, daß dein Publikum es nicht bemerken kann.[2]

Nun füllst du dein Glas bis an den Rand des blauen Stoffes mit Wasser, den Stoff

mußt du unbedingt gut gegen den Rand drücken. Deine Zuschauer glauben, ein Glas mit Tinte gefüllt zu sehen. Die Holzspachtel sollte ca. 2 cm breit und 15 cm lang sein. Eine Seite malst du mit *wasserfester* blauer Farbe an, aber auch hier sei vorsichtig, nur so weit, wie der Stoff in deinem Glas reicht. Zuletzt wischst du in die Papierserviette etwas Tinte und legst sie mit der weißen Seite nach oben zu dem Glas und der Spachtel.[3]

Wenn du die Spachtel in das Glas tauchst,[4] rühre das Wasser um, und drehe sie, ziehe dann die Seite mit der Farbe heraus.[5] Dein Publikum glaubt nun, daß Tinte darauf ist – wenn du die Spachtel mit der Serviette abwischst, kann jeder die Tintenflecken sehen.[6] Lege nun das Tuch über das Glas,[7] nach dem Zauberlehrlings-Zauberspruch hebe das Tuch und ziehe mit Hilfe der Perle den Stoff mit heraus.[8] Alle werden staunen: Die Tinte ist verschwunden, und es ist nur mehr Wasser sichtbar.

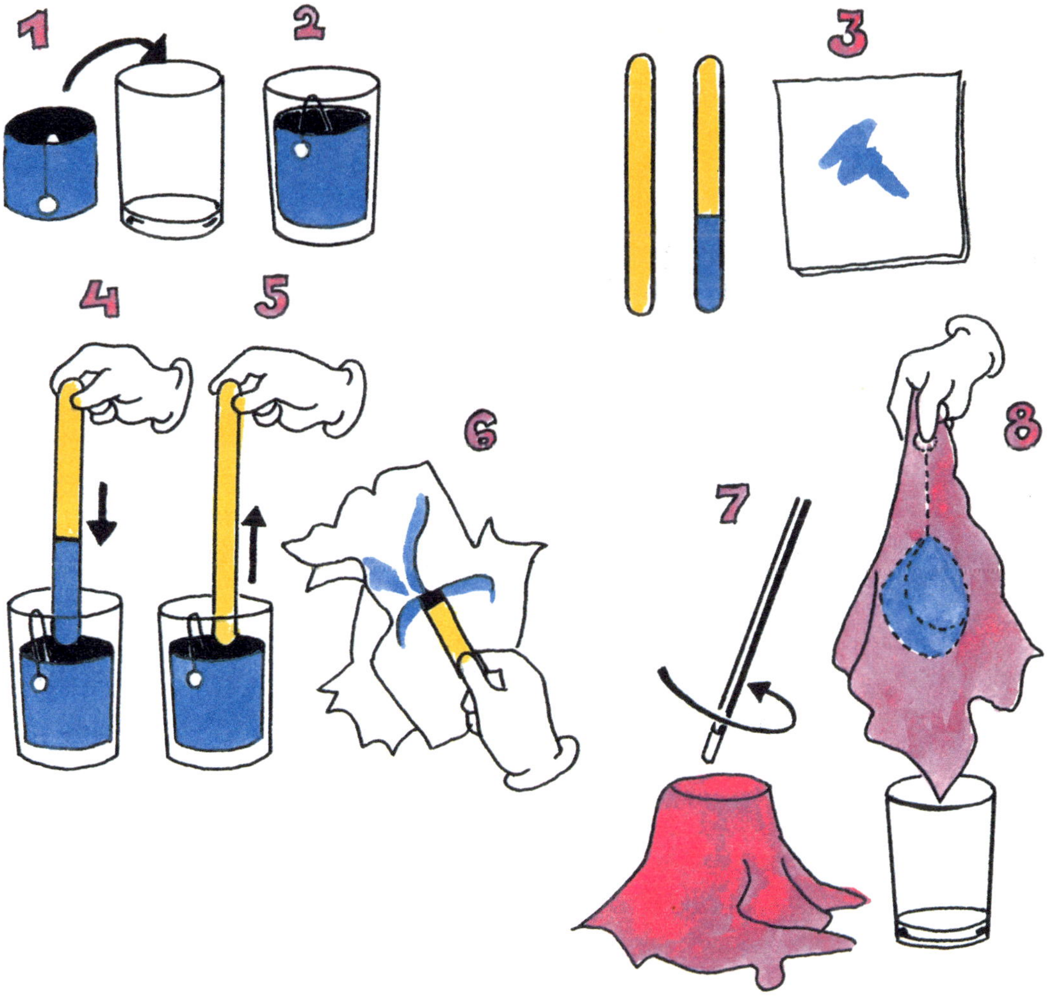

DER BALLON, DER NICHT PLATZT

MATERIAL:
Ein Luftballon, ein Rohr aus Karton, 7 cm lang mit einem Durchmesser von 2,5 cm, 2 Nägel, 7 cm lang, und eine Büroklammer

VORFÜHRUNG:
Du gibst deinem Publikum das Rohr und die zwei Nägel zum Untersuchen. Dann steckst du den Ballon durch das Rohr und bläst ihn auf, bis an beiden Rohrenden eine Ballonblase entsteht, das Mundstück klemmst du mit der Büroklammer ab, damit keine Luft entweichen kann. Nun erklärst du den Zuschauern, daß der Ballon ja platzen müßte, wenn du die zwei Nägel durch das Rohr in den Ballon stößt. Natürlich passiert das nicht, du hast ja vorher einen Zauberspruch gesagt. Wenn die Nägel wieder entfernt sind, kann jeder das Rohr und den Luftballon untersuchen.

LÖSUNG:
Zuerst mußt du bei deinem Rohr aus Karton zur Mitte zu zwei gegeneinander versetzte Löcher anbringen mit einem Durchmesser von 4 mm.[1] Dann bemale dein Rohr schwarz und gib den Ballon hinein.[2] Die Unverletz barkeit deines Ballons ist eigentlichganz einfach: Sobald du den Bal-lon aufgeblasen hast und mit der Büroklammer abgetrennt hast, ver-drehst du die zwei Ballonteile gegeneinander um 120°.[3] Dadurch wird im Inneren des Rohres der Ballon eingeschnürt und gibt soviel Platz, daß die eingeführten Nägel ihn nicht beschädigen können.[4]

1

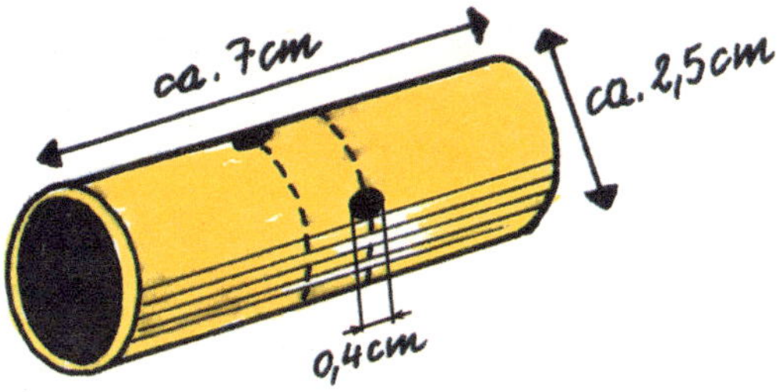

2

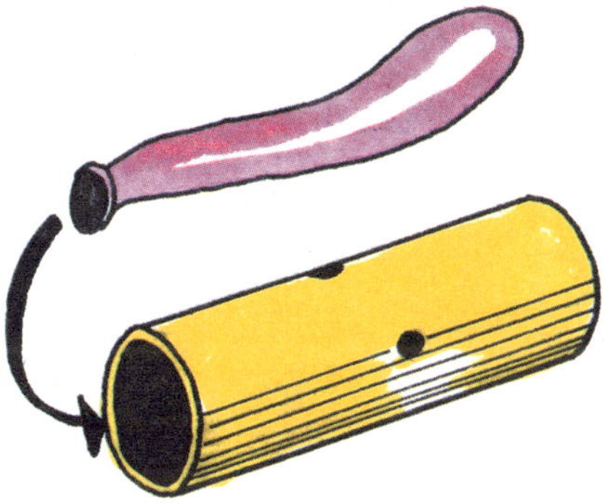

3

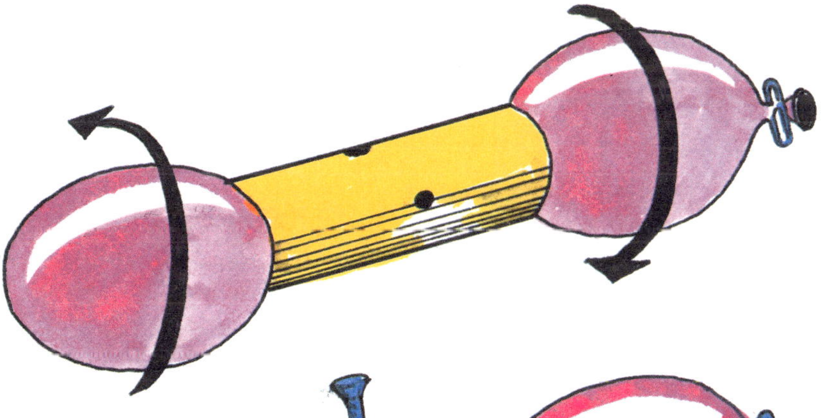

4

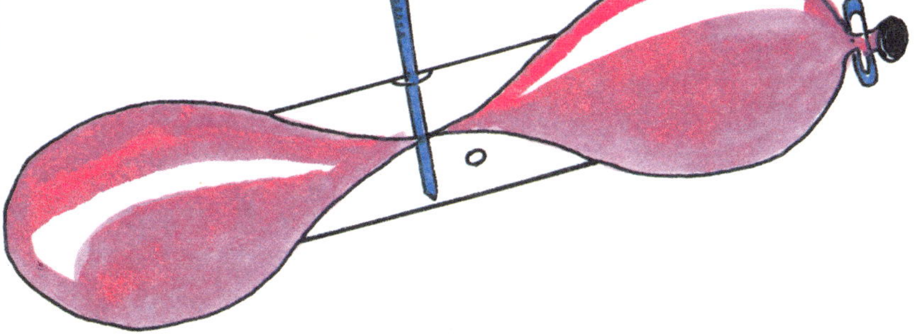

DAS VORHERSAGEN VON REISEZIELEN

MATERIAL:
Ein kleiner Block und ein Bleistift

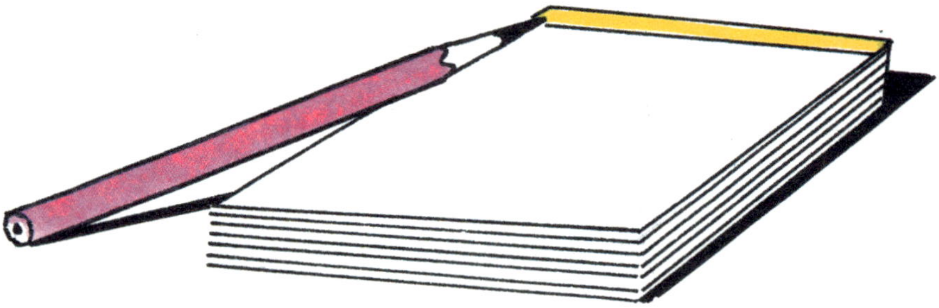

VORFÜHRUNG:
Du sitzt vor deinem Publikum und läßt dir Reiseziele zurufen, Städte, Länder. Du notierst dir alle Namen auf den Zetteln, faltest diese zusammen und wirfst sie in einen Hut. Sobald du zehn oder zwölf Zettel geschrieben hast, bittest du einen Zuschauer, diese zu mischen und dann einen zu ziehen. Nun soll er ihn öffnen (natürlich in einem Sicherheitsabstand von dir), den Zettel lesen, aber nichts sagen, sondern nur ganz konzentriert an das Wort denken. Inzwischen bemühst du dich mit geschlossenen Augen, die Gedanken deines Zuschauers zu erraten. Und wirklich, du nennst dem staunenden Publikum den richtigen Namen.

LÖSUNG:
Es ist wirklich ganz einfach: Du schreibst auf alle Zettel den ersten Namen, der dir zugerufen wird, so hast du keine Mühe, diesen zu erraten. Aber bitte Vorsicht, es darf niemand hinter oder neben dir stehen. Nach deiner Vorführung mußt du dafür sorgen, daß niemand die anderen Zettel liest. Am sichersten ist es, du zerreißt sie gleich in kleine Stücke (oder du verbrennst sie, dann aber bitte Vorsicht!).

PARIS
PARIS
PARIS
PAR

DIE BUNTEN KARTEN ERKENNEN

MATERIAL:
Drei Briefumschläge, 11 x 7 cm, drei Karten in verschiedenen Farben, eine Schere und ein Tuch zum Verbinden deiner Augen

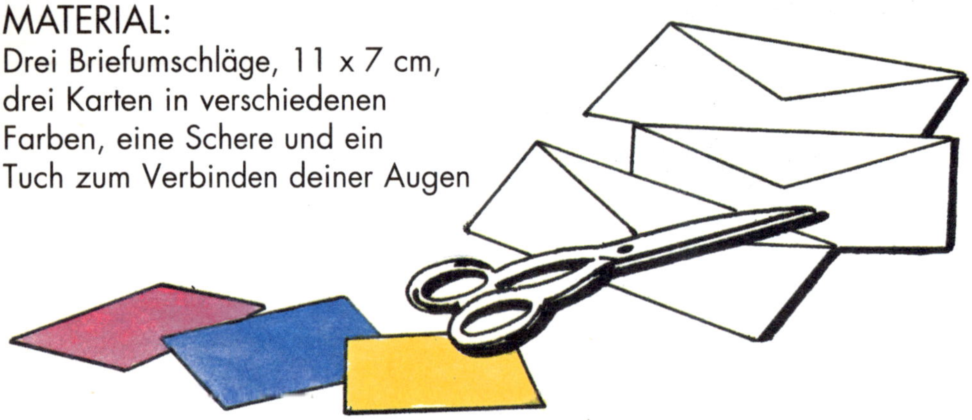

VORFÜHRUNG:
Du zeigst deinen Zuschauern die drei Karten in den verschiedenen Farben (z. B. Rot, Grün, Gelb). Dann gibst du die drei Briefumschläge deinem Publikum zum Untersuchen. Du läßt dir die Augen verbinden und bittest drei verschiedene Zuschauer, die Karten in die Briefumschläge zu stecken. Wenn du dann die Briefumschläge in deine Hand bekommst, kannst du trotz verbundener Augen sagen, in welchem Kuvert welche Farbe ist.

LÖSUNG:
Wenn du die bunten Karten aus einem Karton schneidest, mußt du sie nur unterschiedlich groß schneiden. Also die rote Karte paßt genau in das Kuvert, die grüne Karte ist etwas schmäler und die gelbe noch kleiner (aber paß beim Ausschneiden auf, daß man es nicht so deutlich sieht). Damit kannst du durch Abtasten der Umschläge die Farbe »ertasten«. Wenn du dir die Briefumschläge kaufst, achte bitte auf die Maße – bei größeren Umschlägen könntest

du Probleme mit dem Ertasten haben. Wenn du die drei Umschläge bekommst, hältst du sie hinter deinem Rücken und kannst sie so in Ruhe abtasten. Und jetzt noch ein guter Ratschlag: Führe den Trick ruhig und konzentriert vor, wenn du ganz sicher bist, welche Karte im ersten Umschlag ist, halte ihn vor dein Gesicht, und tue so, als ob du einen »Röntgenblick« hast. Nachdem du die Farbe genannt hast, übergib den Umschlag jemandem aus deinem Publikum zur Kontrolle. Dasselbe machst du mit den beiden anderen Kuverts.

DIE MAGISCHE ZAHL 1089

MATERIAL:
Ein Zettel und ein Bleistift

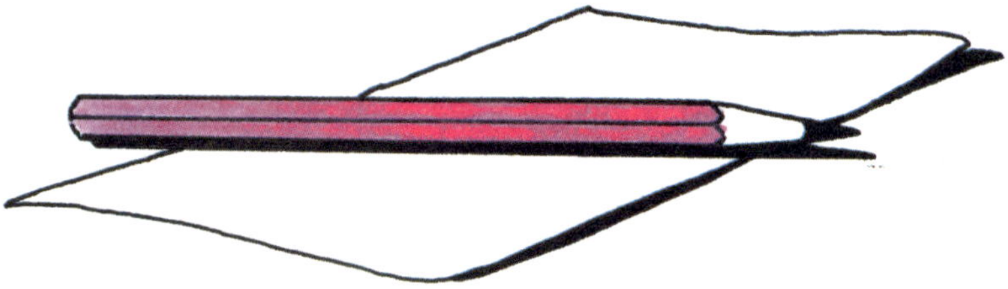

VORFÜHRUNG:
Du schreibst auf den Zettel eine Zahl (eben die 1089), faltest ihn mehrmals, bittest einen Zuschauer, ihn aufzubewahren. Jetzt kannst du deinem staunenden Publikum sagen, daß du eben die Zahl aufgeschrieben hast, die dein Zuschauer erst nennen wird. Er soll nun eine dreistellige Zahl nennen, wobei die erste Ziffer mindestens um 2 größer sein muß als die letzte. Nun soll er diese Zahl aufschreiben, darunter die gleiche mit umgedrehter Ziffernfolge, z. B. er nannte 563,[1] dann kommt darunter 365. Diese Zahl wird nun von der ersten abgezogen, in diesem Fall wäre das Ergebnis 198.[2] Jetzt wird die Ziffernfolge wieder vertauscht, das ist 891, und wird nun zu 198 dazugezählt. Das Endergebnis ist 1089.[3] Bitte nun deinen Zuschauer, den von dir gefalteten Zettel zu öffnen, und er wird sehen daß du das Ergebnis schon im vorhinein kanntest.

LÖSUNG:
Das Geheimnis dieses Tricks liegt nur in der Zahl 1089, egal welche Ziffernfolge du nimmst, das Endergebnis lautet immer 1089. Aus diesem Grund darfst du den Trick niemals vor dem gleichen Publikum vorführen.

1
563
2
563
365-
198
3
891
+198
1089
1089!!

DAS ERKENNEN VON BALLFARBEN

MATERIAL:
Einige verschiedenfarbige Bälle, eine Einkaufstasche aus Packpapier mit einem Griff

VORFÜHRUNG:
Du zeigst deinem Publikum die bunten Bälle, dann wirfst du sie nacheinander in deine Einkaufstüte, schüttelst diese kräftig durch, damit die Bälle gut gemischt sind. Jetzt hebst du die Tasche etwas in die Höhe, damit du nicht hineinschauen kannst, und trotzdem kannst du vorher die Farbe des Balles nennen, welchen du herausholst – du kannst sozusagen die Farbe »erfühlen«.

LÖSUNG:
Der Trick ist ganz einfach: Du hast deine Einkaufstasche präpariert. Schneide auf der Rückseite knapp über dem Boden ein Fenster aus, und überklebe dieses mit einem dünnen Cellophan, so kannst du jederzeit sehen, welchen Ball du gerade herausholst. Beachten mußt du nur, daß du während der Vorführung nicht auf die Rückseite deiner Tasche öfters blickst, sonst kann dein Publikum neugierig werden und diese Seite sehen wollen. Besser ist es, daß du in die Luft schaust, oder du schließt die Augen, und wenn du den Ball hervorholst, kannst du noch immer schnell schauen, welche Farbe der nächste Ball hat.

RÜCKSEITE
AUSGESCHNITTENES
FENSTER

DAS GLAS MIT SAFT

MATERIAL:
Vier Gläser und ein Fruchtsaft

VORFÜHRUNG:
Du stellst die vier leeren Gläser auf einen Tisch, eines davon wird mit Fruchtsaft gefüllt. Dann drehst du dich um, und nun kann ein Zuschauer so oft er will das Glas umgießen, aber nur in ein benachbartes. Zuletzt errätst du mit absoluter Sicherheit, in welchem Glas sich der Saft befindet.

LÖSUNG:
Du stellst also die Gläser auf den Tisch, und eines davon wird vollgefüllt. Jetzt mußt du nur darauf achten, an welcher Stelle sich das volle Glas befindet. Du numerierst für dich die Gläser von links nach rechts mit den Ziffern 1, 2, 3, 4. Wichtig ist, ob das volle Glas auf einer geraden oder ungeraden Zahl steht, wenn du das weißt, kannst du dich umdrehen. Jetzt kann der Zuschauer das Glas umfüllen, so oft er will, zur Bedingung mußt du aber machen, daß es nur ein benachbartes Glas sein darf. Wie oft er umgießt, kannst du ja ganz leicht mitzählen, du hörst ja das Geräusch. Addiere nun zu dieser Zahl die der Platzziffer, also z. B. das Glas befand sich auf Platz 3, und der Zuschauer hat viermal umgegossen – durch die Addition erhältst du die Ziffer 7. Da dies eine ungerade Zahl ist, befindet sich

die Flüssigkeit auf einer ungeraden Platzziffer.
Du weißt jetzt, daß es sich auf Platz 1 oder 3 befindet. Nun bittest du den Zuschauer, das Glas rechts, also die Nummer 4, zu entfernen. Es stehen nun drei Gläser auf dem Tisch. Nun bittest du deinen Zuschauer noch einmal, das Glas umzugießen (zwangsläufig muß er es in das Glas 2 gießen), jetzt laß die beiden Außengläser entfernen, das gefüllte Glas bleibt über!

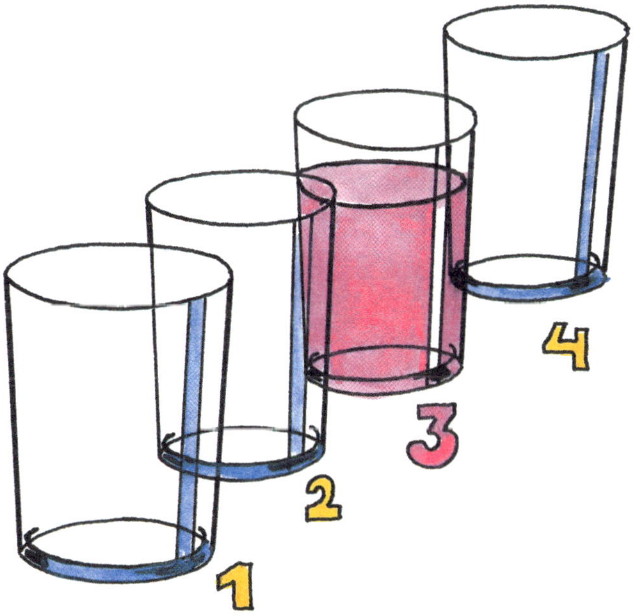

DIE IN GEDANKEN ÜBERTRAGENE ZAHL

MATERIAL:
Ein Blatt Papier A4,
ein kurzer Bleistift

VORFÜHRUNG:
Bei diesem Trick mußt du mit einem »Medium« (das ist eine Person, mit der du »gedanklich« verbunden bist) arbeiten, nimm aber niemanden aus dem Publikum, sondern studiere ihn mit einem Freund, Freundin oder Geschwistern ein. Dein Medium wird in den Nebenraum geschickt, nun einigt sich das Publikum auf eine zweistellige Zahl. Du legst das Papier und den Bleistift auf den Tisch, du bleibst ganz ruhig, vielleicht wendest du dich auch vom Tisch ab. Dein Freund kommt wieder in das Zimmer, setzt sich zum Tisch, konzentriert sich, und nach kurzer Zeit nimmt er Bleistift und Papier zur Hand und schreibt die gedachte Zahl auf.

LÖSUNG:
Vor deiner Vorführung hast du gemeinsam mit deinem Freund oder einer anderen Vertrauensperson das Blatt Papier in 12 Teile getrennt, natürlich nicht wirklich, sondern nur in Gedanken. In der oberen Zeile steht 1, 2, 3, 4, 5, in der untersten Zeile 6, 7, 8, 9, 10, am rechten und linken Rand in der Mitte denkt ihr euch eine Leerstelle.
Wenn jetzt die Zahl bestimmt ist, legst du

das Blatt Papier auf den Tisch und den Bleistift auf das entsprechende Feld der Einerstelle. Also wenn die Zahl zum Beispiel 65 lautet, legst du den Bleistift auf die gedachte 5. Jetzt kennt er die Einerstelle, um ihm die Zehnerstelle zu übermitteln, habt ihr vorher besprochen, daß der Bleistift (daher ein kurzer) ein gedachter Uhrzeiger ist in einem gedachten Zifferblatt. Damit dein »Medium« nun die Zehnerstelle ablesen kann, legst du den Bleistift auf das Feld 5 mit der Spitze nach unten (auf einem Zifferblatt ist der 6er ja unten).

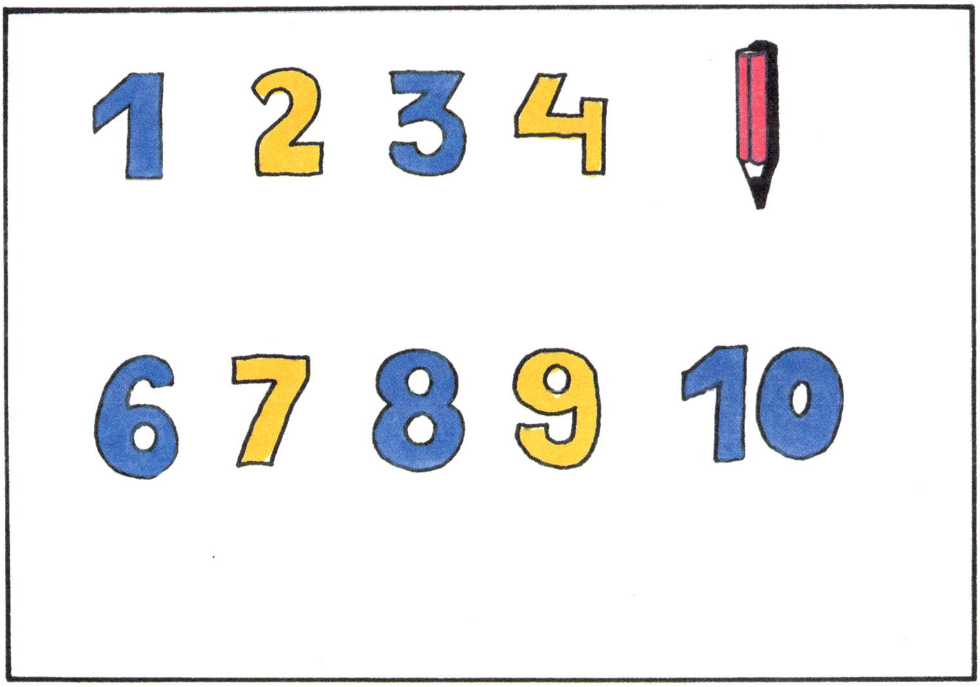

DIE DURCHGESTRICHENE ZAHL

MATERIAL:
Eine Tafel, ein Stück Kreide, drei Zettel und ein Bleistift

VORFÜHRUNG:
Du schreibst auf der bereitliegenden Tafel drei ein- oder zweistellige Zahlen mit der Kreide auf. Du bittest einen Zuschauer, sich eine der Zahlen zu merken. Jetzt nimmst du einen Notizblock und notierst dir eine Zahl, dann faltest du dieses Blatt und steckst es dir in die Tasche. Anschließend muß der Zuschauer die gedachte Zahl auf der Tafel durchstreichen. Nun holst du den Zettel aus deiner Tasche, und zum Erstaunen deines Publikums ist es die richtige Zahl.

LÖSUNG:
Das Geheimnis dieses Tricks ist wirklich ganz einfach: Du hast vor deiner Vorführung zwei Zettel mit den Zahlen, die du später schreiben wirst, in deiner Jackentasche versteckt.
Die dritte Zahl schreibst du dann vor deinem Publikum und steckst den Zettel in die Tasche, wo die beiden anderen sind. Damit es zu keiner Verwechslung kommt, gibst du den Zettel mit der niedrigsten Zahl in die hintere, den Zettel mit der höchsten Zahl in die vordere Taschenecke, und den dritten Zettel steckst du in die Mitte. Wenn der Zuschauer die Zahl durchgestrichen hat, mußt du nur den richtigen Zettel herausziehen.

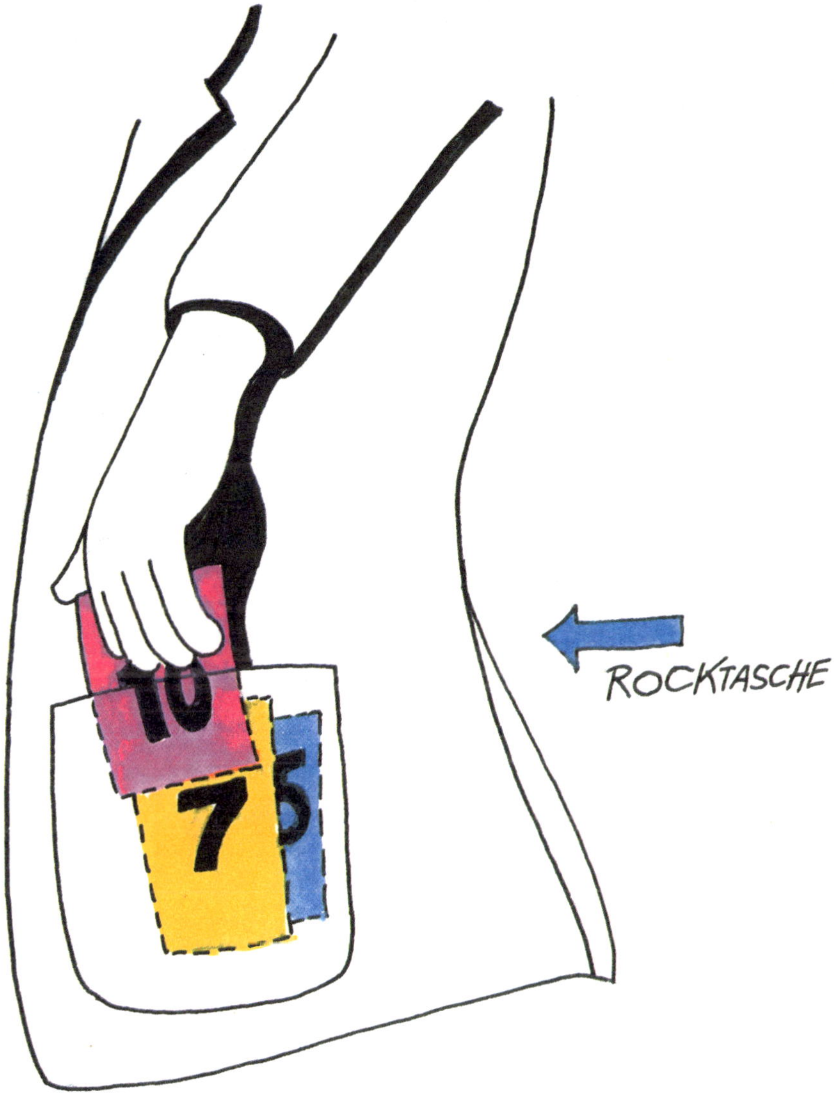
10
7
5
ROCKTASCHE

DIE TEUFLISCHEN ZAHLEN

MATERIAL:
Mehrere Zettel, ein Bleistift

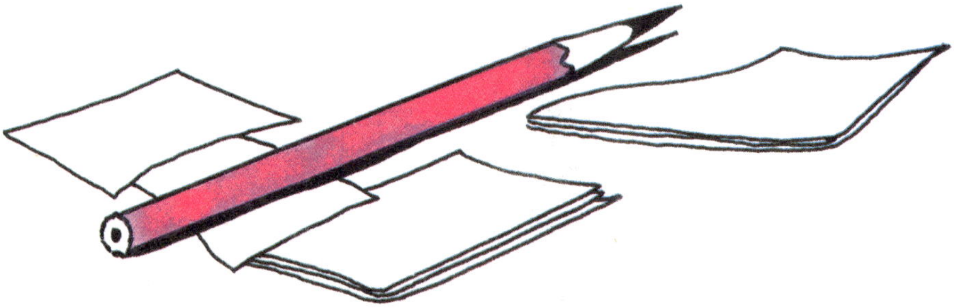

VORFÜHRUNG:
Du erklärst deinem Publikum, daß du nun eine Rechnung mit ihnen schreiben möchtest. Du legst zwei leere Zettel vor, auf einen schreibst du das noch unbekannte Ergebnis und gibst diesen einem Zuschauer zur Aufbewahrung.
Auf den zweiten Zettel schreibst du eine vierstellige Zahl, dann schreibt jemand aus deinem Publikum eine andere vierstellige Zahl darunter. Nun bist du wieder an der Reihe, dann der zweite Zuschauer, und als letztes schreibst du noch eine Zahl hinzu. Nun wird alles addiert, die Summe stimmt genau mit deinem Ergebnis überein.

LÖSUNG:
Die Endziffer deiner ausgewählten Zahl muß höher als zwei sein, zum Beispiel 5964. Dann zählst du von der Endziffer zwei ab, in deinem Fall lautet die neue Ziffer 2, vor der ersten Ziffer kommt zusätzlich eine 2. Dein Endergebnis heißt nun 25962. Diese Zahl schreibst du auf den ersten Zettel und gibst ihn zur Aufbewahrung. Auf den zweiten Zettel schreibst du die Zahl 5964, laß nun von einem Zuschauer eine vierstellige Zahl darunterschreiben, nun nimm ihn wieder an dich, und schreibe selber eine Zahl, und darin liegt die Lösung: Du mußt nur die einzelnen Ziffern, die dein

Zuschauer niedergeschrieben hat, auf neun ergänzen. Jetzt kann jemand anderer aus deinem Publikum eine Zahl niederschreiben, und wieder ergänzt du die Ziffern auf neun. Nun kann ein dritter die Zahlenkolonne addieren, und dein vorhergesagtes Endergebnis ist richtig! Das tolle daran ist, daß du den Trick sofort wiederholen kannst, es wird immer ein anderes Ergebnis sein, aber du kennst es immer im vorhinein.

Nun noch das Beispiel, welches ich dir soeben beschrieben habe:
Deine gewählte Zahl ist 5964, wie vorher beschrieben das Endergebnis 25962.

Du schreibst auf den zweiten Zettel	5964
nun der Zuschauer	8745
deine Ergänzung	1254
der zweite Zuschauer	7544
deine Ergänzung	2455
Endergebnis	25962

DIE VERHEXTEN WÜRFEL

MATERIAL:
3 Würfel

VORFÜHRUNG:
Du läßt die drei Würfel von deinem Publikum untersuchen. Nun erklärst du ihnen: Drei Personen führen einen Wurf mit einem Würfel aus, während der ganzen Zeit drehe ich mich um, daher kann ich weder etwas sehen noch ein Zeichen von einem Eingeweihten bekommen.
Die erste Person würfelt, die Augenzahl wird nun verdoppelt und fünf dazugezählt, das Ergebnis wird mit fünf multipliziert, dieser Wert wird nun aufgeschrieben. Nun würfelt der zweite Zuschauer, die Augenzahl dieses Wurfes wird zum Endergebnis der letzten Rechnung dazugezählt, an diese Summe wird nun eine Null angehängt. Der Wert des dritten Wurfes wird auch zu dem bisherigen Endergebnis dazugezählt. Nachdem du die Gesamtsumme gehört hast, kannst du auf magische Weise jedem Zuschauer die Augenzahl, die er gewürfelt hat, nennen.

LÖSUNG:
Wenn du das Gesamtergebnis hörst, mußt du nur in Gedanken 250 abziehen, die erste Ziffer dieser Summe ergibt den Würfelwert des ersten Zuschauers, die mittlere Ziffer den Wert des zweiten Wurfes, und die letzte schließlich ist der Wert, den der dritte Zuschauer gewürfelt hat.

Nun noch ein Beispiel, damit du es besser verstehst.
Der erste würfelt eine 3, verdoppelt ergibt das 6. 6 + 5 = 11, 11 x 5 = 55. Dein zweiter Zuschauer würfelt nun eine 4. Diese Zahl wird nun dazugezählt, 55 + 4 = 59, daran wird eine Null gehängt, das Ergebnis lautet 590. Der dritte würfelt nun eine 6. Dieser Wert wird wieder dazugezählt, also 590 + 6 = 596, diese Gesamtsumme hörst du nun, ziehe 250 ab, das ergibt 346.
Der erste Zuschauer würfelte eine 3, der zweite Zuschauer eine 4 und schließlich der dritte eine 6.
Wenn du diesen Trick gut einübst und dann flott vorführst, wirst du jedes Publikum verblüffen.

DAS "SUPERGEDÄCHTNIS"

MATERIAL:
Zwei gleiche Bücher

VORFÜHRUNG:
Du trittst vor dein Publikum und sprichst: »Ob ihr es glaubt oder nicht, ich habe mein Gedächtnis so gut geschult, daß ich ein Buch, das ich schon einmal gelesen habe, Wort für Wort in meinem Kopf gespeichert habe. Ich will es euch gleich beweisen: Ich habe hier ein Buch mit 300 Seiten, bitte sagt mir eine Zahl zwischen 1 und 300.« Angenommen, es ist die Zahl 180. »Nun bitte eine Zahl zwischen 1 und 35, jede Seite hat 35 Zeilen«, jetzt kommt die Zahl 26. »Als letztes bitte ich noch, eine zweistellige Zahl zwischen 1 und 47 zu nennen, denn jede Zeile hat 47 Buchstaben inklusive der Zwischenräume.« Die genannte Zahl lautet zum Beispiel 18. »Jetzt öffnet bitte das Buch, schlagt die Seite 180 auf, zählt die 26ste Zeile ab und ermittelt den 18ten Buchstaben. Ich verlasse inzwischen den Raum, wenn ihr den Buchstaben gefunden habt, ruft mich bitte.«

Wenn du wieder in den Raum trittst, kannst du sofort den Buchstaben nennen, ja sogar das Wort, in dem er enthalten ist. Sollte dein Publikum einen Zwischenraum gewählt haben, nennst du beide Wörter vor und nach dem Zwischenraum.

LÖSUNG:
Der Trick ist einfach, aber genial. Du hast im Nebenraum ein zweites Exemplar des Buches liegen. Du mußt dir nur die Zahlen merken, also in diesem Beispiel Seite 180, Zeile 26, Buchstabe 18.

DU ERREICHST IMMER DIE ZAHL HUNDERT!

VORFÜHRUNG:
Du wählst dir jemanden aus deinem Publikum aus, und ihr ruft euch Zahlen zu, die addiert werden. Ihr dürft alle Zahlen von 1 bis einschließlich 10 nennen. Gewonnen hat der, der zuerst durch Hinzuzählen seiner genannten Zahl hundert erreicht. Natürlich schaffst du das immer!

LÖSUNG:
Das ganze Geheimnis liegt in acht Schlüsselzahlen, die du dir genau merken mußt, diese sind: 12, 23, 34, 45, 56, 67, 78, 89. Wenn du dir die Zahlen genau ansiehst, merkst du vielleicht, daß auch diese leicht zu merken sind, auf die letzte Ziffer der ersten Zahl folgt die nächsthöhere, also auf die 2 der 12 folgt die 23 usw.
Du mußt nur versuchen, auf eine Schlüsselzahl zu kommen, dann kann dein Partner dir den Sieg nicht mehr nehmen. Sagt er zum Beispiel 6, ist deine Zahl auch die 6, sagt er 10, ist deine Zahl die 2 usw.

12, 23, 34, 45,
56, 67, 78, 89
6
70

DU NENNST DIE GEDACHTE ZAHL

VORFÜHRUNG:

Du bittest jemanden aus deinem Publikum, sich eine Zahl zu denken, diese zu verdoppeln und dann mit 5 zu multiplizieren. Wenn er dir das Resultat sagt, kannst du ohne eine Sekunde nachzudenken die gedachte Zahl nennen.

LÖSUNG:

Es ist ganz einfach: Du mußt nur die letzte Ziffer streichen. Da mit 5 multipliziert wird, kann es nur eine 5 oder 0 sein. Zum Beispiel die gedachte Zahl ist 35, verdoppelt ist 70 x 5 = 350, die 0 gestrichen ist 35.

35 x 2 = 70
70 x 5 = 350
= 35

DAS ERKENNEN DER SUMME WICHTIGER DATEN

MATERIAL:
Ein Blatt Papier und ein Bleistift

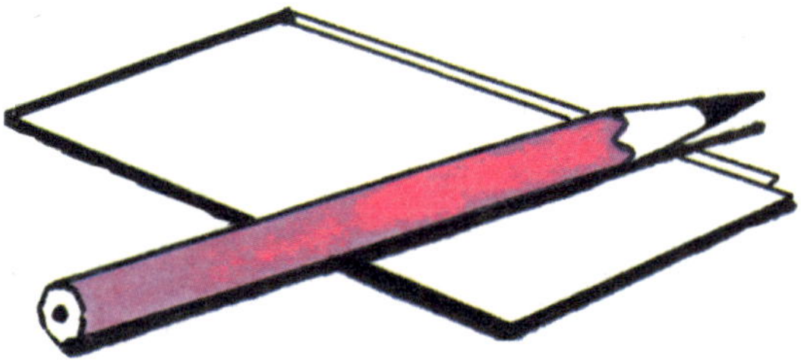

VORFÜHRUNG:
Du bittest einen Zuschauer, sein Geburtsjahr und eine andere Jahreszahl, die für ihn wichtig ist, aufzuschreiben, darunter sein Alter am 31. Dezember des laufenden Jahres, und dazu kommen noch die Jahre, die seit dem wichtigen Ereignis vergangen sind, bis zum 31. Dezember wieder des laufenden Jahres. Nun wird alles addiert, während er rechnet, schreibst du eine Zahl auf ein Blatt Papier, faltest dieses und überreichst es einem anderen Zuschauer aus deinem Publikum. Wenn du jetzt die Zahlen vergleichst, stimmen sie!

LÖSUNG:
Es ist überhaupt nicht schwierig, du mußt nur die aktuelle Jahreszahl verdoppeln. Hier ein Beispiel:

Das Geburtsdatum	1949
Wichtiges Ereignis	1984
Alter	46
Jahre seit dem Ereignis	11
	3990
1995 x 2 =	3990

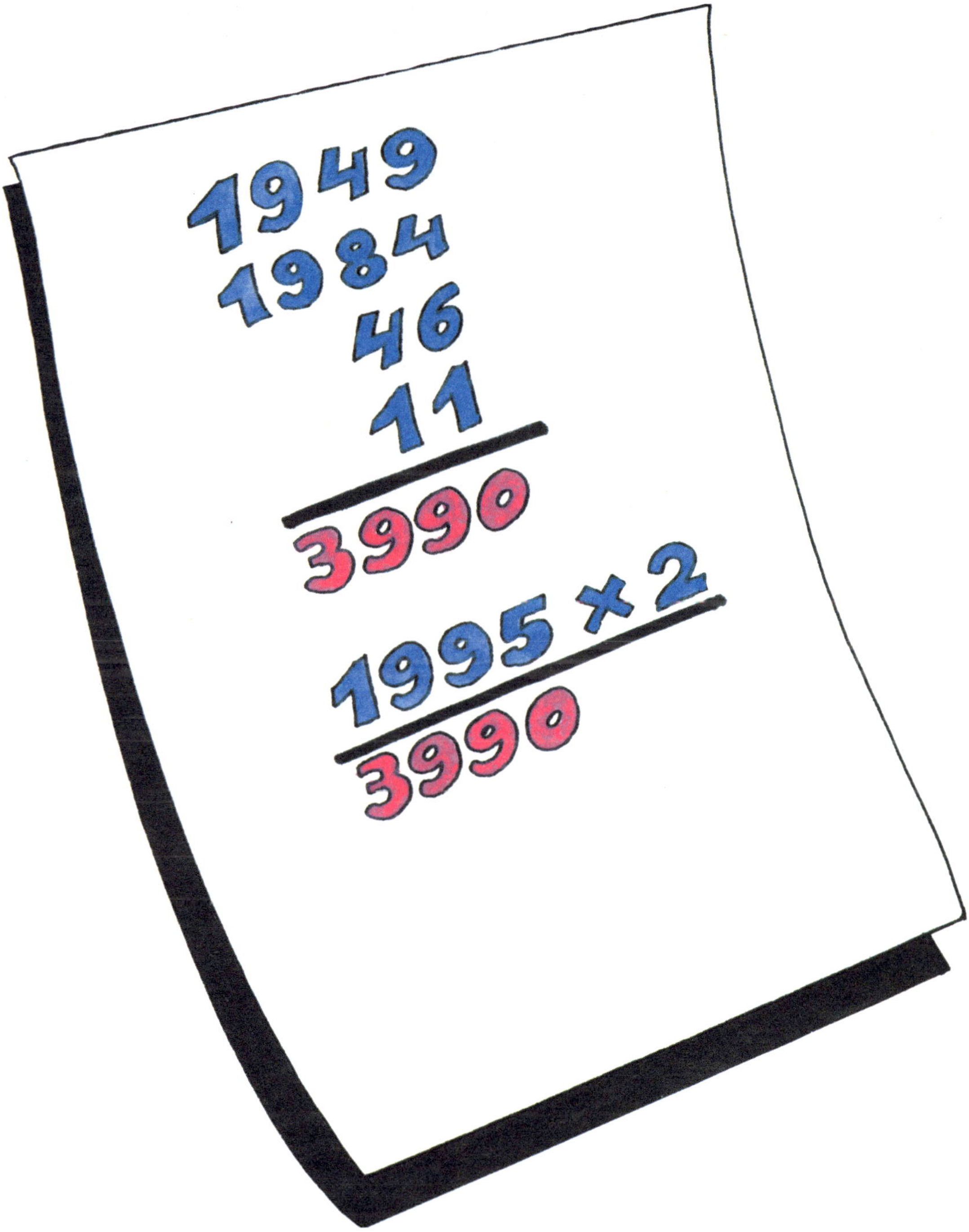
1949
1984
46
11
3990
1995 x 2
3990

GEDANKENLESEN

MATERIAL:
Ein kleines Blatt Papier, ca. 7 x 5 cm, ein Bleistift

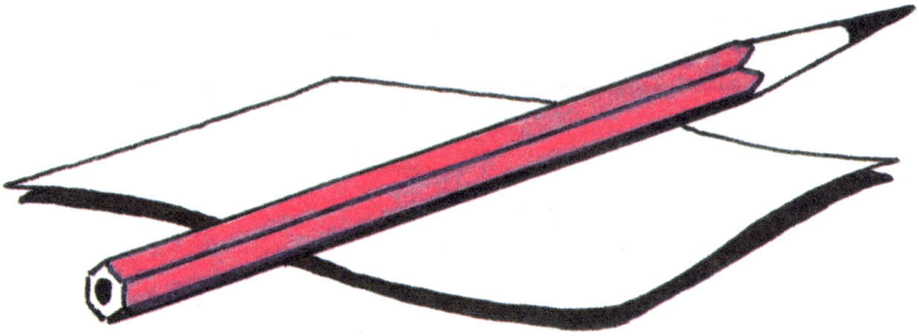

VORFÜHRUNG:
Du gibst einem Zuschauer aus deinem Publikum das Blatt Papier (vorher hast du noch in die Mitte einen ovalen Kreis gezeichnet). In dieses Oval wird nun eine Zahl, ein Name, eine Telefonnummer etc. geschrieben, z. B. die Zahl 283. Wenn du den gefalteten Zettel erhältst, wird er zerrissen und verbrannt. Doch auf magische Weise kannst du die Nummer oder den Namen nennen.

LÖSUNG:
Wenn dein Zuschauer z. B. eine Nummer in das Oval geschrieben hat, bittest du ihn, den Zettel zweimal in die Hälfte zu falten. Nun nimmst du ihn in die linke Hand, der Bug zeigt auch nach links. In der linken oberen Ecke denkst du dir den Punkt A (hier ist die Nummer versteckt). Jetzt reißt du den Zettel einmal der Länge nach durch, legst beide Teile waagrecht zusammen, so daß der imaginäre Punkt A zu deinem Körper zeigt, nun reißt du ihn noch einmal in der Mitte durch. Du legst die beiden Teile zusammen, und der Punkt A zeigt wieder zu deinem Körper. Jetzt mußt du das erste Blatt (wo die Nummer versteckt ist) mit dem linken Daumen in die linke Hand ziehen und zwischen deinem Zeige- und Mittelfinger verstecken. Du zerreißt die übrigen Papierschnitzel und läßt sie von einem Zuschauer verbrennen. Während das passiert, kannst du leicht das Papier in deiner linken Hand lesen. Noch leichter ist es, wenn du an einem Tisch sitzt und die linke Hand zum Lesen darunterhältst.

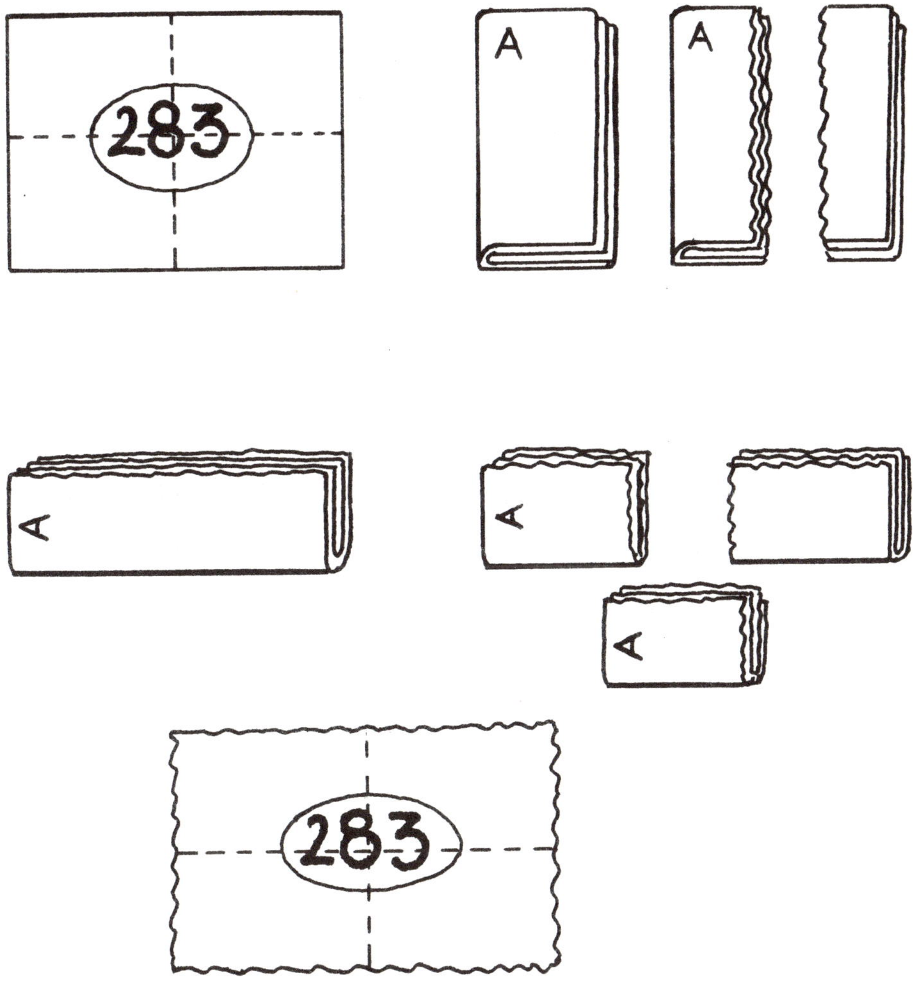
283
A
A
A
A
A
283

Wichtiger Hinweis!

Die Tricks und Zauberanleitungen in diesem Buch sind von der Autorin sorgfältig geprüft worden, dennoch kann eine Haftung bzw. Garantie weder vom Verlag noch von der Autorin übernommen werden (eine Haftung für Personen-, Sach- und Vermögensschäden ist ausgeschlossen).